小学教育理念与教学管理

李树兰 ◎ 著

吉林文史出版社

图书在版编目（CIP）数据

小学教育理念与教学管理 / 李树兰著. -- 长春：
吉林文史出版社，2021.12
ISBN 978-7-5472-8281-6

Ⅰ. ①小… Ⅱ. ①李… Ⅲ. ①小学教育－教育理论－
研究②小学教育－教学管理－研究 Ⅳ. ①G62

中国版本图书馆CIP数据核字(2021)第221914号

XIAOXUE JIAOYU LINIAN YU JIAOXUE GUANLI

书　　名	小学教育理念与教学管理
作　　者	李树兰
责任编辑	王丽媛
封面设计	白白古拉其
出版发行	吉林文史出版社有限责任公司
地　　址	长春市福祉大路 5788 号
网　　址	www.jlws.com.cn
印　　刷	北京四海锦诚印刷技术有限公司
开　　本	185mm×260mm　16 开
印　　张	10.125
字　　数	216 千字
版　　次	2022 年 8 月第 1 版　　2022 年 8 月第 1 次印刷
定　　价	48.00 元
书　　号	ISBN 978-7-5472-8281-6

前　言

小学教育是一项开发智能、培育人才的工作，长期以来，小学教师在践行教育的同时也在探寻教育的工作理论。当前的教育理论是在教育行为实践中总结出来的，属于行为教育理论，教育实践需要科学的教育理论来指导。

研究小学教育通常从两方面进行：一是研究小学教育理念，二是对小学教育教学管理经验进行理论总结，这使得教育理论具有表征性和局限性。本书采用明心、见性的认知方式，透过教育的表象看到教育的本质，科学系统地总结教育理论。

本书共有六章，分别从教育理念与教学管理概念解读、小学教育的对象、小学教育的实施者、小学课堂教学管理等方面论述了当前我国小学教育理论及管理实践，形成了一个整体。全书内容前后统一、论述循序渐进，是一本综合性、理论性和实践性都较强的著作，并且渗透着来自一线教育工作者的深刻反思，广大教育工作者可以从中得到有益的启示，同时，本书也可作为教育工作者及师范类师生参考借鉴用书。

对复杂多变的教育现象来说，理论是贫乏的，需要我们持之以恒地去探索、去总结，同时更需要对典型的教育现象做深入的、有效的探索研究，本书在这方面做了一定的尝试。编者衷心地希望本书能在推动教育区域化、特色化发展的过程中发挥重要的作用，以推动小学教育事业的发展。

在本书的策划和编写过程中，曾参阅了国内外大量有关的文献和资料，从中得到许多启示，在此致以衷心的感谢！由于当今社会发展非常迅速，本书的选材和编写还有一些不尽如人意的地方，加上编者学识水平和时间所限，书中难免存在缺点和谬误，敬请同行专家及读者指正，以便进一步完善提高。

目 录

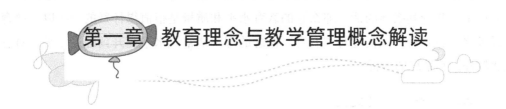

第一章 教育理念与教学管理概念解读

第一节 现代教育理念的内涵及分类

一、教育的概念

（一）"教育"的日常用法

在日常生活中，人们经常使用"教育"一词。例如，一个刚看完电影的人可能会说，"我从这部影片中受到了一次深刻的教育"；一位家庭主妇可能会对自己的邻居说，"你的孩子真有出息，你是怎么教育孩子的"；等等。这些用法大致可分为三类：一类是作为一种过程的"教育"，表明一种深刻的思想转变过程，如"我从这部影片中受到了一次深刻的教育"中的"教育"；又一类是作为一种方法的"教育"，如"你的孩子真有出息，你是怎么教育孩子的"中的"教育"；再一类是作为一种社会制度的"教育"，如"教育是振兴地方经济的基础"中的"教育"。在这三类用法中，最基本的还是第一种用法，因为无论是作为一种方法的"教育"，还是作为一种社会制度的"教育"，如果不伴随着教育对象深刻的思想转变过程，都很难称得上是真正的"教育"。

人们对"教育"概念的日常理解构成了日常教育生活的基础。但是，就像日常生活中的其他一些常用词汇一样，人们尽管可以很自如地使用，却往往缺乏比较明晰和深入的思考，更不用说形成系统化、专门化的知识。对"教育"概念的常识理解，对于个体日常教育生活来说也许已经足够了，但是对于专门的社会教育事业来说却远远不够。如果一个国家、一个地区或一所学校的全部教育活动仅是建立在对"教育"概念的常识理解基础上，并受其指导的话，那么它的教育水平和质量是很值得怀疑的。所以，教育学的任务之一就是帮助人们把对"教育"概念的理解从常识水平提升到理论水平，对它进行比较深入和系统的分析。

人们对"教育"概念的日常理解构成了日常教育生活的基础。但是，就像日常生活中的其他一些常用词汇一样，人们尽管可以很自如地使用，却往往缺乏比较明晰和深入的思考，更不用说形成系统化、专门化的知识。对"教育"概念的常识理解，对于个体日常教育生活来说也许已经足够了，但是对于专门的社会教育事业来说却远远不够。如果一个国家、一个地区或一所学校的全部教育活动仅是建立在对"教育"概念的常识理解基础上，并受其指导的话，那么它的教育水平和质量是很值得怀疑的。所以，教育学的任务之一就是帮助人们把对"教育"概念的理解从常识水平提升到理论水平，对它进行比较深入和系统的分析。

（二）"教育"的定义

给"教育"下定义是对教育现象理性认识的开始。在教育学界，关于"教育"的定义多种多样，仁者见仁、智者见智。一般说来，人们是从两个不同的角度给"教育"下定义的，即一个是社会的角度，另一个是个体的角度。

从社会的角度来定义"教育"，可以把"教育"定义区分为不同的层次：①广义的，凡是增进人们的知识和技能、影响人们的思想品德的活动，都是教育；②狭义的，主要指学校教育，即教育者根据一定的社会或阶级的要求，有目的、有计划、有组织地对受教育者身心施加影响，把他们培养成为一定社会或阶级所需要的人的活动；③更狭义的，有时指思想教育活动。这种从社会的角度定义教育概念的方式，强调社会因素对个体发展的陶冶、规范、限制和影响，把"教育"看成整个社会系统中的一个子系统，承担着一定的社会功能。

从个体的角度来定义"教育"，往往把"教育"等同于个体的学习或发展过程，如有学者把"教育"定义为"成功地学习（一般地说借助于教学，但非必然如此）知识、技能与正确态度的过程。这里所学的应是值得学习者为之花费精力与时间（凡使用教育一词者皆作如是观），学习方式（与培训相对而言）则一般应使学习者能通过所学的知识表现自己的个性，并将所学的知识灵活地应用到学习时自己从未考虑过的境遇和问题中去"。定义的出发点和基础是"学习"和"学习者"，而不是社会的一般要求。该定义侧重于教育过程中个体各种心理需要的满足及心理品质的发展。

这两种定义从不同的方面揭示了教育活动的某些性质，对于理解教育活动的特征都是有价值的。但是，这两种定义方式也存在着各自的缺陷。单纯地从社会的角度来定义"教育"，往往会把"教育"看成一种外在的强制过程，忽略个体内在需要和身心发展水平在教育活动中的重要作用。而且，广义的"教育"定义过于宽泛，几乎可以看成"生活"的同义语，从而失去了它本应具有的规定性；狭义的"教育"定义在定义项中出现了"教育者"和"受教育者"概念，犯了循环定义的毛病。单纯地从个体的角度来定义"教育"，又会忽视社会因素和社会要求在教育活动中的巨大影响。而且，用"学习"来定义教育也会使教育的外延过于宽泛。无论是在理论上还是在实践上，教育虽然包含着学习，但并不是所有的学习都是教育，例如，完全独立自主的"自学"就很难说是"教育"，日常生活中"自我教育"的概念应该在一个比喻意义上被理解。因此，在给"教育"下定义时，应兼顾社会和个体两个方面。

根据以上分析，下面尝试给出一个更加综合的"教育"定义：教育是在一定社会背景下发生的促进个体的社会化和社会的个性化的实践活动。首先，这个定义描述了"教育"的"实践特性"，即"教育"这个概念首先指的是某一类型的实践活动。作为一种实践活动，"教育"必然有其明确的目的，因为人类的任何实践活动都是有目的性的活动，即使是儿童的游戏也不例外。这样，没有明确目的的、偶然发生的外界对个体发展的影响就不能被称为"教育"。例如，一个顽皮的孩子偶然把手指伸到火苗上被灼伤，并由此获得火的有关知识的过程，不能算是受到了"教育"。其次，这个定义把"教育"看作双向偶合的过程：一方面是"个体的社会化"，另一方面是"社会的个性化"。个体的社会化是指根据一定社会的要求，把个体培养成为符合社会发展需要的具有一定态度、情感、知识、技能和信仰结构的人；社会的个性化是指把社会的各种观念、制度和行为模式内化到需要、兴趣和素质各不相同的个体身上，从而形成他们独特的个性心理结构。这两个过程是互为前提、密不可分的。如果片面地强调个体社会化的一面，强调个体发展需要和社会发展需要无条件的一致，而忽视个性心理特征和个性培养，就会出现机械的"灌输"。机械的灌输不是"教育"。同样，如果片面地强调个性心理特征和个性发展的需要，而忽视现实社会的一般要求，就会导致个体自身发展的随心所欲。随心所欲的学习和发展也不是"教育"。对于个体来说，"教育"总是包含必要的"规范""限制"和"引导"。

二、教育要素

作为在一定社会背景下发生的促进个体的社会化和社会的个性化的实践活动，教育是一种相对独立的社会子系统。这个子系统包括三种基本要素："教育者""学习者"和"教育影响"。深入地认识这三种要素，一方面是对"教育"概念认识的一个深化，另一方面也为教育形态的认识提供了概念基础。

（一）教育者

"教育者"，简而言之就是从事教育活动的人。由于"教育"定义的不同，人们对教育者外延的理解也不相同。如果将"教育"理解为一切能够增进人们的知识和技能，影响人们思想品德的活动，那么任何人都是教育者，因为任何人在日常生产、生活中总会通过各种途径对他人的态度、知识、技能及思想品德产生影响。在这个意义上，我们可以说父母是教育者，也可以说新闻记者是教育者。如果将"教育"理解为"学校教育"，那么"教育者"主要就是指"教师"，因为只有教师才是专门从事学校教育工作的人。如果将"教育"定义为"引起学习的过程"，那么，任何能够引起某种学习行为的人都是教育者。在这个意义上，我们可以说装有学习程序的计算机也可以算作教育者。

根据上面对"教育"的定义，教育者是指能够在一定社会背景下促进个体社会化和社会个性化活动的人。因此，一个真正的教育者必须有明确的教育意图或教育目的，理解他在实践活动中所肩负的促进个体发展及社会发展的任务或使命。那些偶尔对学生的身心发展产生影响的人，不能被称为教育者。了解个体身心发展的规律以及社会对个体发展所提出的客观要求，也就是说，他必须具有必要的能够实现促进个体发展及社会发展任务或使命的知识。一个对个体社会化或社会个性化过程、条件、影响因素等一无所知的人是没有资格自称为教育者的。所以，教育者意味着一种"资格"，是能够根据自己对于个体身心发展及社会发展状况或趋势的认识，来"引导""促进""规范"个体发展的人。从这个意义上来说，父母尽管对于孩子的成长会产生种种影响，但如果这种影响不是父母"有意"造成的，而是他们"无意"中形成的，那么父母就不能被称为真正的教育者。作为"教育者"的父母与作为"抚养者"的父母之间，应该有着质的不同。同样，作为"教育者"的教师与作为"教书匠"的教师，彼此之间也有着很大的差别。因此，"教育者"这个概念，不仅是对从事教育职业的人的"总称"，更是对他们内在态度和外在行为的一种"规定"。对于这样的一个概念，人们不仅应该从"身份"或"职业"上来把握，还应该从"素质"或"资质"方面来把握。

（二）学习者

传统上，人们将"受教育者"或"学生"作为教育活动的一个基本要素，它是相对"教育者"或"教师"而言的。这里之所以使用"学习者"这个概念而不使用"受教育者"或"学生"这两个概念，主要原因是：第一，"受教育者"这个概念毫无疑问地将教育对象看成比较被动的存在，看成纯粹"接受教育者教育"的人。这也就意味着，"教育"是一种发生在教育对象身外，并由教育者施加于教育对象身心的某种事情。这种看法在逻辑上是说不通的，在实践上也是有害的。第二，"学生"这个概念尽管也有"学习者"的含义，但它所指称的"学习者"主要是那些在身心两方面还没有成熟的人，这是由构成"学生"这个词中的"生"字所决定的。在20世纪中叶之前，将教育的对象看成"学生"还是可以的；但是，在20世纪中叶以后，特别是进入21世纪以后，人们再将教育的对象看成"学生"就不太合适了。这是因为半个多世纪以来，随着知识社会和终身教育时代的来临，教育的对象已经从青少年扩大到成人乃至所有的社会公民。所以，比起"学生"来说，"学习者"是一个更能概括多种教育对象类型的词汇。

比起教育者来，学习者有其自身的特征：第一，不同的人有不同的学习目的，即使两个人在学习目的的表述方面相同，也未必有着同样的理解和同样的理由；第二，不同的人有不同的学习背景或基础，并由此影响到各自的学习兴趣、能力或风格；第三，不同的人在学习过程中所遭遇的问题与困难不同，因此，进行有效学习所需要的帮助也不同，这是提出因材施教或个性化教学原则的一个重要基础；第四，不同的学习者对于自身学习行为的反思和管理意识与能力不同，从而影响到他们各自的学习效率和质量。因此，学习是一种高度个性化的活动。教育者要想成功地促使学习者的有效学习或高效学习，就必须在把握学习者之间共性的同时，花大力气把握他们彼此之间十分不同的个性。从一定意义上来说，对学习者个性的把握程度，就决定了教学有效性的大小与教学艺术所能达到境界的高低。

（三）教育影响

教育影响即教育活动中教育者作用于学习者的全部信息，既包括信息的内容，也包括信息选择、传递和反馈的形式，是形式与内容的统一。从内容上说，教育影响主要就是教育内容、教学材料或教科书；从形式上说，教育影响主要就是教育手段、教学方法、教育组织形式。教育内容、教学材料或教科书是教育活动的媒介，是教育者和学习者互动的媒介，也是教育者借以实现教育意图、学习者借以实现发展目标的媒介。这个媒介与社会生活中一般媒介的区别在于，它是根据一定的教育目的以及学习者身心发展规律和需要从人类浩如烟海的文化宝库中精心选择、组织和呈现的，具有丰富的发展价值。教育工作的全部要旨就在于充分、有效地利用这个媒介来直接促进学习者的最大发展，并间接满足整个社会的最大发展需要。教育手段、教育方法与教育组织形式是围绕着一定的教育内容、教学材料或教科书设计的，因而是受教育内容、教学材料或教科书性质制约的，同时也反映了学习者身心发展规律的要求，是把一定的教育内容、教学材料或教科书以合适的方式呈现给学习者，并促使他们有效学习与积极发展。正是这种教育内容与教育形式的统一所构成的教育影响，使得教育活动成为一种区别于其他社会活动的相对独立的社会实践活动。

上述教育的三要素之间既相互独立，又相互规定，共同构成一个完整的实践系统。没有教育者，教育活动就不可能开展，学习者也不可能得到有效的指导；没有学习者，教育活动就失去了对象，无的放矢；没有教育影响，教育活动就成了无米之炊、无源之水，再好的教育意图、再好的发展目标，也都无法实现。因此，教育是由上述三个基本要素构成的一种社会实践系统，是上述三个基本要素的有机结合。各个要素本身的变化，必然导致教育系统状况的改变。不同教育要素的变化及其组合，最终形成了多样的教育形态，担负起促使不同历史时期和不同社会环境下个体社会化和社会个性化的神圣职责。

三、教育形态

教育形态是指由上述三个基本要素所构成的教育系统在不同时空背景下的变化形式，也是"教育"理念的历史实现。根据不同的标准，人们可以划分出不同的教育形态。从目前教育学的研究来看，划分教育形态的标准大致有三个：一是教育系统自身的标准，二是教育系统所赖以运行的场所或空间标准，三是教育系统所赖以运行的时间标准。从教育系统自身的标准出发，可以将教育形态划分为"非制度化的教育"与"制度化的教育"；从教育系统所赖以运行的场所或空间标准出发，可以将教育形态划分为"家庭教育""学校教育"与"社会教育";从教育系统所赖以运行的时间标准以及建立于其上的产业技术和社会形态出发,可以将教育形态划分为"农业社会的教育""工业社会的教育"与"信息社会的教育"。下面,我们来分别阐述和比较这些教育形态的关键特征。

(一)非制度化的教育与制度化的教育

根据教育系统自身形式化的程度,可以将教育形态划分为"非制度化的教育"与"制度化的教育"两种类型。非制度化的教育是指那些没有能够形成相对独立的教育形式的教育。这种教育是与生产或生活高度一体化的,没有从日常的生产或生活中分离出来成为一种相对独立的社会机构及其制度化行为。人类学校产生以前的教育就属于这种非制度化的教育。就是在人类学校已经形成一个高度复杂网络的今天,非制度化的教育也仍然存在,散布在广大的社会网络之中,如教室、车间、办公室、家庭、旅游场所等。制度化的教育是从非制度化的教育中演化而来的,是指由专门的教育人员、机构及其运行制度所构成的教育形态。制度化的教育的出现是人类教育文明的一大进步,也极大地推动了人类整体文明的进步。今天所谈论的种种"教育"和"教育改革",基本上指的是这种制度化的教育。

不过,比起非制度化的教育来说,制度化的教育也有其不足的地方,因而引起了思想家们的批判,有的批判还是非常激烈的。美国教育家、非学校化运动的倡导者伊里奇在《非学校化社会》一书中指出,近代以来人类所建立起来的以"组织化""制度化"和"仪式化"为主要特征的学校体系,在总体上具有"压制性""同质性"和"破坏性",妨碍了真正的学习和教育,降低了人类自我成长的责任心,是导致许多人"精神自杀"的根源。真正的教育应该是创造性的,依赖于对出乎意料的问题的惊奇、对事物的想象以及对生活本身的热爱。所有这些,都是现代叫作学校的地方所不能提供或满足的。因此,应该彻底颠覆制度化的现代学校教育以及建立于其上的学校化社会,代之以"教育网络"。面对这些批评,人们应该用更加理智的眼光来看待制度化的教育和改革制度化的教育。

(二)家庭教育、学校教育与社会教育

从教育系统所赖以运行的空间特性来看,可以将教育形态划分为家庭教育、学校教育与社会教育三种类型。比较来说,家庭教育是指以家庭为单位进行的教育活动;学校教育是指以学校为单位进行的教育活动;社会教育是指在广泛的社会生活和生产过程中所进行的教育活动。这种划分是众所周知的,也没有留下什么理论上的问题,但有意义的是这三种教育形态以及它们彼此之间关系的历史变迁。

在人类历史的绝大部分时间里,家庭作为一种基本的社会单位,承担了大量的教育任务。对青少年一代进行教育,也是传统意义上家庭的一种重要功能。在西方历史上,许多教育名著都是作者从事家庭教育经验的结晶,像洛克的《教育漫话》就是这样。在中国,传统上的"家学"对于保存和发展中国文化也起到了不可忽视的作用。即使是在

今天，家庭的教育作用仍然是非常重要的，特别是在培养青少年健全人格方面，家庭的作用更是学校所无法取代的。由于今日的学校面临着越来越多的问题，因此家庭教育更是为人们所看重。在一些国家或地区，甚至出现了"在家上学"这种独特的教育方式。如何在新的时代条件和技术支持下重新发挥家庭的教育作用，是一个值得研究的重大课题。

学校教育作为一种教育形态，有其自身的优越性，如有专门的教育机构、有专门的经过职业培训的教师、有比较充裕的教育经费、有精心设计的课程和教学计划、有比较及时的学习反馈和学业成就评价机制，如此等等。正是由于学校教育的这些特征，它才能成为一种主导性的现代教育形态。但是，自从学校产生以来，思想家们对于学校的批评也就从没有中断过。他们的批评告诫我们：并不是所有的学校都有利于青少年一代的发展；为了一代又一代青少年的健康发展，我们必须不断地改良我们的学校。

社会教育作为一种教育形态，也是自古就有。原始社会人们所举行的各种仪式或活动，都具有社会教育的意义。社会教育从其外延上说，主要包括"社会传统的教育""社会制度的教育"与"社会活动或事件的教育"等不同类型。社会传统的教育是指一个社会的传统风尚对于个体的发展具有一种不言而喻的教育性。人们通常意义上所说的"国民性"主要就是由一个国家或民族的社会传统所塑造的。社会制度的教育是指当下的社会、经济、文化等方面的制度对于个体的态度、行为和信念也有一种塑造的作用。一个各方面良好的社会制度有助于个体德行的形成和发展，这是非常容易理解的事情。社会活动或事件的教育是指个体从各种各样的社会活动经验中所获得的教育。在今天这样一个终身教育和终身学习的时代，社会教育从内涵和外延上也正在发生着质的变化。

家庭教育、学校教育和社会教育三种形态之间的关系是一个值得认真研究的课题。这个课题的研究，有助于充分地利用家庭、学校和社会的教育资源，有助于更好地发挥每一种教育形态的优势与长处，从而形成"教育合力"；有利于解决当前学校教育所面临的许多棘手问题，促进青少年一代更好地发展。从根本的方向上说，打破传统意义上学校教育、家庭教育和社会教育的界限，建立一个高度一体化的"家校关系""校校关系"以及"（学）校（社）区关系"，是改革当前学校、建设学习化社会的一个重要举措。

四、教育的功能

（一）教育功能的界定

认识"教育功能"的内涵，前提是界定"功能"。《现代汉语词典》将"功能"界定为：一是事物或方法所发挥的有利作用；二是效能。从权威工具书对"功能"的界定可以看出，功能是某事物的作用，尤其是指积极的或有利的作用。若把"功能"分解为"功"和"能"，"功"为"功效""功绩""事功"，"能"为"能力""才能""特性"。"功能"作为"功"

和"能"的组合，有功效、功绩的"能"才是功能。在功能中，"功"和"能"相互制约。功能既表明一事物对他事物能够发挥的功效、效能和积极作用，也表明该事物具有对他事物发生积极作用的能力和特性。

教育功能，简单地说，就是教育所具有的作用，尤其是积极的作用。教育作为培养人的社会实践活动，它所发挥的直接作用就是促进人的发展，培养社会所需要的人；其间接作用就是通过培养社会所需要的人，满足社会的需要，促进社会的发展与进步。因此，教育功能就是教育对人的发展和社会发展所能够起到的影响和作用，尤指对人和社会的发展所起到的积极的促进作用。

（二）教育功能与其他相关概念的辨析

教育功能表示的是教育作用，与教育本质、教育价值、教育职能相连，但又不完全相同。

1. 教育本质与教育功能

教育本质是教育所固有的质的规定性，是教育区别于其他事物的根本特征。教育功能是教育所具有的功能，它取决于教育本质，并随着对教育本质认识的变化而变化。但教育功能不是教育本质，本质回答"教育是什么"，而功能回答"教育能够干什么"。

2. 教育价值与教育功能

教育价值与教育功能二者都是回答教育对人的发展和社会发展的作用，其区别就在于：教育价值是教育应该发挥的作用，教育功能是教育能够发挥和实际发挥的作用。教育价值是人们对"好"教育的一种期待，它反映了"理想的教育应该干什么"；教育功能是一种实效，它反映了"应该干什么"的教育在实践中"实际干了什么"，是否实现了预期的价值。所以，教育价值是教育的"应然"表现；教育功能是教育的"实然"表现，是教育价值在教育实际中所释放出来的实际效果、功效。社会学家默顿指出，必须区分功能的客观结果和价值的主观意向，若不能区分客观社会后果与主观意向，则必然导致功能分析上的混乱。

3. 教育职能与教育功能

职能是指一定职位的人完成其任务的能力，如教师的职能；或一定机构所应承担的任务和发挥的作用，如学校的职能、部门的职能。职能是依据人的角色或职位的要求规定必须完成的任务和发挥的作用，是由职责所决定的，带有主观的规定性。我们一般不说教育的职能，只说学校的职能。学校教育职能的完成，则意味着教育功能的实现。我们可以规定学校的职能，但不能规定教育的功能。教育功能是学校教育职能实现的自然结果。

五、教育的目的

（一）教育目的的基本意蕴

目的一词常在我们的生活和交往中被使用，其意为很多人所能意会，并不感到陌生。如果从其"言说"的意义上进行表达的话，即指生活或活动主体所意欲达到的最终归宿所在。

人类社会的各种活动无不带有目的性，教育活动亦然。从其产生来看，是基于人类及其生产和社会生活经验、知识得以延续的需要而进行的一种有目的、有意识地培养人的活动；从其运行过程来看，一切教育内容的确定、教育方法的选择及具体培养目标的制定等，无一不是依据教育目的来进行的。可见，教育目的体现了人类活动的特性，人类社会对人的培养都是依据所确定的教育目的来进行的。

教育目的，即教育意欲达到的归宿所在或所预期实现的结果。它是教育活动的出发点和归宿，本身就反映着办教育的主体对教育活动在努力方向、社会倾向性和人的培养规格标准等方面的要求和指向。从所含内容主要指向来看，教育目的又有狭义和广义之分。狭义的教育目的特指一定社会（国家或地区）为所属各级各类教育（或者说是整个教育事业）的人才培养所确立的总体要求，是整体教育意欲达到的根本所在。广义的教育目的是指对教育活动具有指向作用的目的领域（也有人称目标领域），含有不同层次预期实现的目标系列。其结构层次有上下位次之分，依次为：教育目的—培养目标—课程目标—教学目标等，各位次名称的含义及所产生作用的特点既有相同性，也有各自的独特性。

教育目的与教育方针既有联系又有不同。从二者的联系来看，它们在对教育社会性质的规定上具有内在的一致性，都含有"为谁（哪个阶级、哪个社会）培养人"的规定性，都是一定社会（国家或地区）各级各类教育在其性质和方向上不得违背的根本指导原则。从二者的区别来看：一方面，教育方针所含内容比教育目的更多些。教育目的一般只包含"为谁培养人""培养什么样的人"的问题；而教育方针除此之外，还含有"怎样培养人"的问题和教育事业发展的基本原则。另一方面，教育目的在人的培养质量规格方面要求较为明确，而教育方针则在"办什么样的教育""怎样办教育"方面显得更为突出。教育目的与教育方针的这种联系和区别，在我国现行教育的相关法规和文献中有明显的体现。如"教育必须为社会主义现代化建设服务，为人民服务，必须同生产劳动和社会实践相结合，培养德智体美等方面和谐发展的建设者和接班人"，就是我国现阶段教育方针所强调的主旨；而我国的教育目的则强调培养德智体美等方面和谐发展的社会主义建设者和接班人。

（二）教育目的的基本特点

同人类社会生活和活动的目的一样，教育目的也带有意识性、意欲性、可能性和预期性的特点。除此之外，教育目的还有两个较为明显的特点：第一，教育目的对教育活动具有质的规定性。即教育目的对教育活动的社会倾向和人的培养具有质的规定性，主要表现在：一是对教育活动具有质的规定性。一般而言，一个国家的教育目的总体上都内在地含有对教育"为谁培养人""为谁服务"的基本规定。如我国现行教育目的中强调"培养社会主义现代化的建设者和接班人"就明显地体现了这一点。这种质的规定性在于明确教育进行人才培养的社会性质和根本方向，以便使其培养出与一定社会要求相一致的人。如果偏离了社会要求或违背了社会性质，社会必然要通过各种方式对其教育进行批评、整顿、改造，严重的甚至予以取消。二是对教育对象的发展具有质的规定性，主要体现在两方面：一方面规定了教育对象培养的社会倾向，即要使教育对象成为哪个阶级、哪个社会的人，为哪个阶级、哪个社会服务；另一方面规定了培养对象应有的基本素质，即要使教育对象在哪些方面得到发展，应养成哪些方面的素质等。由此可见，教育目的作为培养人的总体要求，总是内在地决定着教育的社会性质和教育对象发展的素质。而这种对教育活动所具有的质的规定性，使它自身对各种教育活动的要求具有很强的原则性，成为社会在总体上把握教育活动及人才培养性质和方向的根本所在。坚持了所确定的教育目的，把握了它所具有的质的规定性，就能够从根本上保证教育对人的培养与社会发展要求相一致。第二，教育目的具有社会性和时代性。教育是培养人的社会活动，无不受到社会及各个时代的制约，这也就使得教育目的在历史的发展中常常带有社会不同时代的特点，体现不同时代的要求。

（三）教育目的的基本类型

在人类社会的发展中，教育目的不仅因其社会发展各历史时期的不同而在性质和内容上有所不同，而且在类型上也有所不同。从其作用的特点看，有价值性和功用性之分；从其所含要求的特点看，有终极性和发展性之分；从被实际所重视的程度看，有正式决策和非正式决策之分；从其体现的范围看，有内在教育目的和外在教育目的之分。

1. 价值性教育目的和功用性教育目的

价值性教育目的，即教育在人的价值倾向性发展上意欲达到的目的，内含对人的价值观、生活观、道义观、审美观、社会观、世界观等方面发展的指向和要求，反映教育在建构和引领人的精神世界、人文情感、人格品行、审美意识、生活态度、社会倾向等方面所要达到的结果。这类教育目的的根本就是要解决培养具有怎样社会情感和个性情操的人。不过，人的生活不仅要注重在精神、情感上有所依托、有所归宿，还要注重增强和体现自身进行各种活动的功能和用途。而人在各种活动中的功能和用途，也可以看作人从事或作用于各种事物的活动性能，简称人的功用性。人的功用性是与自身的各种活动能力、技能技巧密切相关的，是借助自身的各种活动能力、技能技巧来体现的。如果没有了各种活动能力、技能技巧，那么人就不会具有从事或作用于各种事物的活动性能，也就谈不上人有什么功能和用途，人存在的功用性就会极其有限，在生活的各种活动中也难以起到大的行为作用。由此可见，功用性教育目的就是教育在发展人从事或作用于各种事物的活动性能方面所预期的结果，内含对人的功用性发展的指向和要求，在教育实践中以能力、技能技巧等方面的具体要求呈现出来。功用性教育目的的根本就是要解决人在各种活动中的实际能力和作用效能的开发与提升，发展和增强人在各种活动中行为的有用性和功效性。

价值性教育目的和功用性教育目的的含义表明：价值性教育目的指引和要求实际的教育活动要关注和把握人的精神世界、价值倾向、情感态度、审美情趣和人格品行等方面的发展，使人在生存发展中内心世界有所依托——"心有所属"。而功用性教育目的则是指引和要求实际的教育活动要关注和把握人从事各种实际活动、应对和解决实际问题的智能素养和技能技巧的发展，使人在生存发展中具有行事做事的力量和技能——"身有所为"。但这并不意味着二者毫无联系。事实上，它们都属于总体教育目的在实现过程中衍生出来的相互联系、相互作用的两个方面，也是人在社会中生存、发展所必需的。在社会总体教育目的的实现过程中，必须以人未来发展的利益和社会需要为教育确立良好的价值性目标，同时也要使功用性目的的确立符合价值性目标的要求，使二者一致，并在实践中相统一。否则，教育活动就难以很好地实现它的价值目的和功用目的。当然，在实践中也不能将二者相互替代，因为这样就不能造就完整的人。缺少功用性目的，价值性目的的实现就会失去活动能力的依托；而以功用性目的代替价值性目的，或以功用性目的作为最高目的（如只把学生如何取得良好考试成绩作为教学目的），也无益于教育活动根本价值的真正实现。

2. **终极性教育目的和发展性教育目的**

终极性教育目的，也称理想的教育目的，是指各种教育及其活动在人的培养上最终要实现的结果，内含对人发展的理想性要求。发展性教育目的，也称现实的教育目的，是指教育及其活动在不同阶段所要连续实现的各种结果，表明对人培养的不同时期、不同阶段前后具有衔接性的各种要求。在每一阶段向另一阶段的发展过渡中，具有承前启后的不可或缺性，既表示某一阶段的目标，又表示对先前阶段目标的续接性和对以后阶段目标的奠基性。

终极性教育目的和发展性教育目的各有不同的特点：前者具有发展的终结性，对各种教育阶段及教育活动的影响是宏观的，具有总的指导原则和方向指引的意义；而后者则具有发展的持续性，对各种教育阶段及教育活动的影响是具体的，对各种教育现实问题解决的结果具有直接评价和认定的意义。就二者的关系看，前者是发展性目的的根本性依据，是发展性目的确立不可忽视的一个基本指导思想；而后者则是前者实现的"必经路线"和必不可少的"具体策略"，是前者的具体体现。在实际教育工作中，依据终极性教育目的来确立各种相互承接的发展性目的是十分重要的，这样才能使终极目标的实现带有可能性和有效性；否则，将可能导致各种教育及教育活动发展偏离预期目的。但也不能把这一问题绝对化。如果不分教育阶段、不分具体年龄阶段地用终极性目的作为自身的直接目的（如把培养"有理想、有道德、有文化、有纪律的四有新人"，把培养成"创造性人才"或"研究性人才"直接作为学校的教育目的），将会欲速则不达（特别是中小学教育），也无助于它的实现。所以，教育者应根据所在阶段学生在"四有新人"和"创造性人才""研究性人才"发展上可能达到的水平和程度来重新提出自己学校的教育目的，这才是实事求是的态度。

3. 正式决策的教育目的和非正式决策的教育目的

正式决策的教育目的，指被社会一定权力机构确定并要求所属各级各类教育都必须遵循的教育目的。它一般是由国家（或一定地区）作为主体提出的，其决策过程要经过一定的组织程序，常常体现在国家或地区重要的教育文本或有关的法令之中。它表现的层次多种多样，有的是国家或地区所属各级各类教育的总体目的，有的是特指的教育目的，如义务教育、高等教育的目的等。它的实现过程具有权力机构的支持和行政上的要求。正是在权力机制的运作下，它才成为所属各级各类教育必须遵循的基本依据和努力方向。它内含国家或地区的意志和经济、文化、生产等方面发展的需要，与国家或地区自身的利益和发展密切联系，综合反映国家或地区各方面发展对人才培养的需求，是国家或地区在总体上把握所属各级各类教育社会性质和人才培养方向的根本所在，成为国家或地区检查、评价所属各级各类教育社会性质和人才培养方向的根本依据，在国家或地区教育体系的建构中处于重要的地位。非正式决策的教育目的，指蕴含在教育思想、教育理论中的教育目的，它不是被社会一定的权力机构正式确立而存在的，而是借助一定的理论主张和社会根基而存在的。它主要有两类：一类是以思想理论为根基而存在，其大多是一些思想家、教育家基于自己的社会见解或教育见解而提出的，通常体现在他们的理论或思想中。这类教育目的虽不是由社会一定权力机构正式决策的，但因其深邃的思想阐述、多视角的深刻分析和严密的逻辑论证而产生一定的影响。另一类则是基于一定社会单纯的功利观念而存在，它虽没有明确的阐述，但常常借助一定的社会功利心理和观念而起作用，如片面或单纯升学的教育目的。严格来讲，这类教育目的不是教育目的，但因其凭借广泛的社会功利心理或观念，对正式决策的教育目的的实现带来极大干扰，左右实际教育的方向，而成为有的学校实际追求的教育目的。这是国家（或一定地区）在实现所确定的教育目的时应格外注意和防止的。

4. 内在教育目的和外在教育目的

在教育发展史上，把教育目的区分为内在目的和外在目的的是美国教育家杜威，他在关于教育目的的论述中，把教育"活动里面的目的"、当前的"具体目的"视为内在的教育目的；把"一般的和最终的教育目的"视为外在的教育目的。用现在的话来说，内在教育目的即具体教育过程（或某门课程建设）要实现的直接目的，是对具体教育活动预期结果的直接指向，内含对学习者情意品行、知识认知、行为技能等方面发展变化预期的结果，它是指通过某门课程及其教学目标或某一单元、某一节课的教学目标可预期的和所应体现出来的具体结果。内在教育目的在陈述上具有明确的界定，比较具体、微观，切近具体的实际教育活动，是具体测评实际教育活动的直接指标和依据。内在教育目的直接关乎具体教育活动的效果和评价问题，因此，自二十世纪五六十年代以来，在教育研究中备受关注。如何使这样的教育目标促进教育活动的有效开展，并取得积极良好的效果？西方一些教育学家和心理学家在研究中积极倡导用可观察和可测量的行为来陈述教育目标，意在为教学及其评价提供具体的指导。这其中影响最大的就是美国心理学家布鲁姆等人对教育目标分类的研究。它不仅有利于实际教育工作者科学理解和把握教育目标，为教师的教学、教育质量评价提供了科学的依据，同时也有利于保证教育总体目标的实现。外在教育目的是指教育目的领域位次较高的教育目的，它体现一个国家（或一定地区）的教育在人的培养上所预期达到的总的目标和结果，是一个国家（或一定地区）对所属各级各类教育培养人的普遍的原则要求。其表述特点比较宏观、抽象，不像内在教育目的那样微观、具体、便于在实践中把握和操作。因此，外在教育目的不如内在教育目的较为切近具体的实际教育活动，对实际的、具体的教育活动来说，它只是一种方向、指针，而不是具体教育活动所能直接达到的目标。

在对内在教育目的和外在教育目的的看法上，杜威极为重视内在教育目的，而漠视外在教育目的。他认为，外在教育目的"……会剥夺教育过程（指具体的实际教育活动）中的许多意义，并导致我们在处理儿童问题时依赖虚构的和外在的刺激"，难以使教师的教学智慧得到自由发挥，也脱离儿童的能力和需要，不能为儿童所理解，更不能为儿童所需要。它不具有使教师与儿童很好合作的性质，仅仅把教育过程变成了达到外在目的的手段。在杜威看来，"教育就是生长"（不仅是体格，还有理智和道德的生长等）。"教育过程在它自身以外无目的；它就是自己的目的。"杜威对这两种教育目的的看法不无道理，有助于促进我们对教育目的问题的思考。但他否定外在教育目的、否定外在教育目的与内在教育目的联系的必然性和必要性，则具有片面性。因为人的培养过程是由无数个具体教育过程向着人发展的（阶段性的或整体性的）根本目的的递进过程，这样的目的当然不可能像每一教育过程中的目的那样具体，但它却能使人知道各种具体教育过程在总体上要培养什么样的人。因此，不能无视或否认外在教育目的的作用和意义，也不能无视或否认内在教育目的与外在教育目的的联系和影响。

事实上，一个国家的教育，外在目的与内在目的总有着割不断的联系。深入其中就会看到，内在教育目的本身就是外在教育目的实现的操作化转换，也可谓之实践性转换。它虽是具体的，但总是间接或直接地循着外在教育目的的确定的方向，按照外在教育目的所确定的培养人的要求来决定的，是外在教育目的在实践教育活动中逐步实现的具体体现。正如英国学者约翰·怀特所说："目标并不能代替目的，因为即使小规模的目标仍旧是目的。不仅如此，就像能够怎样正确使用某种法语动词形式这样小规模的目标也必定需要某种推理，否则，整个就太武断了。如果我们究其根本便会发现，这种进一步对合理性的推理很少不涉及更为抽象的目的。"这说明外在教育目的总是直接或间接地影响内在教育目的（对某课程目标、教学目标的影响显得比较直接，对单元教学目标或某一课的教学目标的影响较为间接），是内在教育目的的依据，是内在教育目的朝向的指针，二者都是实际教育应遵循的，只不过是各自作用体现的时空层次有所不同罢了。因此，弄清哪一层次目标可以在考虑具体教育活动时作为直接依据，哪一层次的目标不能作为直接的依据；哪一层次的目的在考虑宏观性教育时是主要的依据，哪一层次不是主要的，十分必要。用外在教育目的直接代替内在教育目的，这样无助于解决教育活动中的具体实际问题。但是，因外在教育目的不能用来直接解决具体教育实际问题而否定它的作用，也是不应该的。

六、现代教育理念

现代教育理念，实际是从事教育工作的教育观、教学观、质量观、人才观、发展观。具体内容如下所述：

（一）树立面向全体学生的教育思想

素质教育既是全面发展的教育，又是面向全体的教育。

1.教育要做到面向全体学生，就是要认同学生的差异性

一位哲学家说过，就像自然界没有完全相同的两片树叶一样，世界上也没有两个完全相同的人，不同的认知，不同的兴趣，不同的欲望、价值、潜能，所以有这些差异才有个性，有这些差异才见特色，有这些差异才见生动。当我们接受了学生的差异之后，接下来就应接受学生没有差生这一理念。我们通常讲的差生就是考试差、分数差的学生。这样评价对教师可以理解，因为学校评估教师要分数、升学要分数、家长要分数，但对学生来讲是非常不公平、不客观的。人的表现行为和活动能力千姿百态、林林总总，根据一个方面的差异，做整体判断，对学生来讲这是蛮横无理的。

2.面向全体就是要正确理解后进生和觉悟生

我们通常讲的觉悟是思想觉悟，实际上学习更需要觉悟。思想家是把人的觉悟分开来看的，觉是感觉，是直观的；悟是悟性，是思维。觉是别人的点拨，悟是自己的体会；悟是觉的结果，觉是悟的过程。人是多面性，每个人的才能各有所长，各有所短。

（二）树立"人人能成才"的思想

什么是人才，从广义上讲就是在各行各业能创造性开展工作，并做出积极贡献的人。从教育上讲"合格＋特长"就是人才，人才不等于英才和精英。英才和精英指的是极少数做出杰出贡献的人，素质教育的观点"不求人人升学，但求人人成才"。

（三）理解"儿童学习不需要分数"的思想

"儿童学习不需要分数"是苏联教育家阿莫纳什维利提出的观点，他认为注重儿童

学习的分数，会使孩子们的学习兴趣丢失，使儿童失去快乐的童年。在这里提出的这个观点，目的是矫枉过正，主要是针对我们有的学校和教师，把考试看作高于一切，把分数看作高于一切，不去全面评价学生。

第二节　教学管理在学校中的地位与职能分析

一、教育管理理论

现代教育管理学的产生和发展具有时代背景，主要包括以下几方面：第一，管理科学诞生。18 世纪 60 年代到 19 世纪 40 年代间，西方国家经历了划时代的工业革命时期。经济高速发展，社会结构巨变，国际之间的竞争也更加激烈。剧烈的国际竞争使得各国产业界致力于降低成本、发展生产力和提高生产效率，管理科学在泰勒的科学管理运动中应运而生，给教育家及教育管理人员以极大的启示。第二，行政学产生。为了管理好社会，就必须建立一套规范的行政制度。于是以研究行政制度的建立与完善为取向的行政学得以产生，教育行政则是现代国家行政职能扩大化的产物。第三，教育事业自身的发展呼唤教育管理理论的诞生。生产力的发展为教育的发展带来了契机，也推动着教育的发展。工业革命以后，西方国家经历了工业化、都市化、世俗化、教育普及化、法制化的过程。教育由"私人"的事务变成了社会公共事业的一部分。对教育事业进行统筹规划、资源配置，保障社会和国民对教育的需求，成为政府不可推卸的责任，对教育事业发展的规模、速度、类型、结构、布局、质量、秩序、效益等问题进行研究和决策就成为宏观教育行政管理研究的重要内容；教育事业内部也存在着质量、效益、秩序以及人际关系等问题，这些问题的解决都需要通过科学研究的方法，结合理论与实践做出回答。第四，现代科学技术的进步为提高教育管理的水平提供了可能。随着现代科学技术的进展，调查、统计、测量、评价、预测、诊断、实验、预算之类的理论和方法广泛应用到教育管理之中，管理者力图通过定性和定量相结合的方法使有限的人、财、物等教育资源产生尽可能高的教育管理效益，教育管理的现代化、科学化水平得以不断提升。

涓涓细流汇聚成海，有关教育管理的浅显经验、零散思考和片段研究不断得到深入、系统的整合，教育管理于 19 世纪末 20 世纪初的欧美萌芽，在 20 世纪 60 年代兴旺，21世纪后进入教育管理理论大发展的"丛林"时代。

（一）思想源流

教育管理实践产生于古代社会。社会教育管理实践出现较早，在原始社会就已出现。相对于社会教育管理实践，学校教育管理实践的产生是教育管理实践的一个重要性事件。

奴隶社会的学校教育活动，无论是在规模上，还是形式上都较为简单，因而，教育管理实践相对比较简单。随着社会的发展，学校教育取得了较大发展，出现了众多的办学形式，班级授课制也逐渐形成，但是此时现代意义上的国家教育管理系统仍没有形成，体系化的国家教育管理体制仍不够健全。近代以来，国家逐渐开始关注教育，教育管理的思想发展迅速。

我国教育活动源远流长，教育管理思想丰富多彩。老子思想中的"道法自然""无为而治"对教育管理中的生态管理、民主管理、人本管理产生了深刻影响。孔子的"仁""义""礼""智""信""和""中庸"的思想对后世的行政管理更是产生了深远的影响。管子的"天地为心""以民为本""与时变"的思想对后世教育管理中的人本管理、创新管理思想影响巨大。

（二）理论流派

现代教育管理理论流派大多产生于西方，这与西方国家经济、社会及文化的发展背景相关。20世纪初，由于西方国家管理学、行政学等理论的发展，研究者把这些理论引进教育管理思想领域，用于教育管理问题的研究，教育管理学逐步形成自己的雏形。在学习教育管理的理论流派时，会较多地介绍这些理论发展的影响及一些著名管理学者的思想和观点。

在管理研究领域，研究者们一般把各种理论大致分成三个理论流派：古典组织理论、人际关系理论、行为科学方法理论。古典组织理论围绕科学管理和行政管理思想对行政管理过程和管理功能进行研究。人际关系理论主要是对工作场所中人的社会和心理方面以及对群体行为进行研究。行为科学方法理论试图调节古典组织理论和人际关系理论的不一致。三种管理理论流派的主要区别在于领导、组织、产量、过程、权力、管理、奖励和结构等关键性特征的差异上。总体而言，管理理论从对效能和基本管理原则的关注发展到强调人和心理的因素，并最终发展为社会系统理论和权变理论。

1. 古典组织理论

古典组织理论出现于20世纪初，它包含两种不同的管理思潮：科学管理和科层制。

（1）科学管理

科学管理在于对工作进行科学的研究分析，其目的在于找到完成任务的最佳方法，并以此提高工作效率，工人的劳动生产率最大化是科学管理研究的主要动因。时至今日，科学管理的代表性人物泰勒、加尔布雷斯所开创的时间研究和动作研究仍是当前工作效率研究的重要研究方法。随着各国对教育的重视程度和支持力度逐渐加大，义务教育阶段学校的数量和规模不断扩大，政府和社会的教育投入也大大增加，促使政府和社会关注教育的质量和效益问题。学校管理开始接受科学管理的影响。

（2）科层制

科学管理专注于对个体工作效率的研究，而科层制则着重于如何构建整个组织的问题，研究整个组织的管理。法约尔、卢瑟·古利克是组织管理的杰出人物，他们对管理职能各自做了精彩的论述。法约尔认为，所有的管理者要履行计划、组织、指挥、协调和控制职能，同时法约尔认为管理是一个连续的过程，在管理过程中强调 14 条管理原则，这些原则主要强调管理过程中的指挥链、权力分配、秩序、效率、公平和稳定性。卢瑟·古利克进一步拓展了法约尔的五项基本管理职能，认为管理职能不仅包括计划、现代教育管理学组织、人事、指挥、协调，还包括报告和预算。将科学管理思想引进学校管理，影响较大的学者是美国的弗拉克·斯波尔丁，他提出了教学成本的概念，认为教学成本是学校管理中需要控制的关键因素。

德国社会学家马克斯·韦伯对古典组织理论也有杰出贡献，提出了"科层制"概念，这一概念是建立在一套综合的理性原则之上。韦伯的理想科层制与法约尔的 14 条管理原则成为当代组织理论的基础。古典组织理论强调组织效能，关注设计有效的工作和组织，但是他们忽略了工作场所的心理和社会因素。韦伯的科层理论引起了当时教育管理研究者的兴趣，在 20 世纪 40 年代到 70 年代，各种教育管理教科书开始专门讨论韦伯的思想及其在教育管理中的运用。尽管韦伯的科层理论在学校中的运用受到了许多质疑和批评，但它的组织体系模式对于学校还是有效的。

2. 人际关系理论

人际关系理论一般被认为源于埃尔顿·梅奥，梅奥和他的助手的"霍桑研究"，对管理理论产生了重大的影响，"霍桑研究"发现工厂中有一种"社会人"因素在起作用，劳动生产率的提高是由于士气、归属感等这些"人"的社会性因素以及运用了激励、引导、参与决策和有效的沟通等人际交往技巧的有效管理，而不完全是雇主的要求和物理要素导致，非正式组织为其成员规定了他们自己的适当行为标准。除梅奥外，库尔特·勒温、卡尔·罗杰斯、莫雷诺、威廉·怀特、乔治·霍曼斯、斯科特等人对人际关系理论都做出了杰出的贡献。勒温的"场理论"和团体动力学研究以及他关于"专制型"和"民主型"团体领导研究对后续人际关系研究和应用都产生了重大影响。当前，使用团体动力学来改变个体和组织的方法及组织发展的行为研究法都源于勒温的开创性工作。而罗杰斯的人本主义心理思想也对管理中的人际关系理论产生了重大影响，罗杰斯的患者中心疗法在团体组织行为发展方面得到了共识。莫雷诺创立了社会关系计量学，又称为团体成员关系分析法，发展成社会网络分析法，其对群体中的人际关系测量具有重要的方法意义。莫雷诺发现人们与其周围的其他人会产生有选择性的亲密性关系，相互之间有融洽关系的人构成的小团体可能会比缺乏这种共同情感取向的群体工作得更出色。怀特采用实地研究方法，对餐饮业内小团体行为的性质和功能进行了研究，他考察了团体间冲突、团体的地位、工作流程。怀特发现小团体成员间有选择的共同偏好是与成员间年龄、性别和外在兴趣的相似性联系在一起的。怀特的研究意义在于，他与莫雷诺的社会关系计量学的研究一致；他的研究成果是建立在实际生活情境的观察基础之上，而不是在孤立的实验室条件下进行，研究具有良好的生态学意义。

古典组织理论与人际关系理论的显著差异在于"理性经济人"假设和"社会人"假设的不同。古典组织理论也承认组织与管理中的人际关系，但是他们认为人际关系的作用一样受到经济刺激和物理刺激的作用。古典组织理论认为，在经济理性人面前，人际关系是不堪一击的。人际关系理论承认管理中的经济刺激和物理刺激，但是他们认为雇员受社会和心理需要驱动，与工作环境的物理条件相比，包括认可、归属感和安全感，个体的需要对决定工人的士气和劳动生产率更为重要；在工作环境中，个体的感知觉、信仰、动机、认知、对挫折的反应、价值观及其他类似因素都会影响到个体行为；工作场所中的非正式社会团体会建立并强化他们独有的行为准则和规范；雇员在支持性的管理之下，会有更高的士气，工作更努力，人际关系论者认为高昂的士气会带来更高的劳动生产率；一个组织中，沟通、权力、影响、权威、动机和控制等都是非常重要的关系。

人际管理理论从一开始就受到教育管理领域研究者和实践者的拥戴，这主要受到杜威的影响。杜威在《民主主义与教育》一书中对于科学管理技术在学校管理中越来越流行的情况表示不满，在杜威看来，学校应当是一个微型的民主社会，师生员工应该生活在一种民主的社会氛围中。

3. 行为科学理论流派

20 世纪 40 年代至 70 年代是教育管理思想发展的一个极为重要的时期，一般教育管理著作都称之为"行为管理时期"或"社会科学时期"。

相对于古典组织理论和人际关系理论流派，行为科学理论强调组织管理中的权变性和系统性，注重协调人际关系理论和古典理论之间的矛盾，强调管理理论的实践中的辩证应用。行为科学理论研究者引发了人们对个体及个体与组织联系方式的新兴趣点。目前，行为科学理论仍处于发展之中，大体上，行为科学理论可以从个体和组织关系、管理中的领导两个维度进行考察。

行为管理科学理论流派对个体和组织的关系进行了精彩的论述，切斯特·巴纳德提出了著名的"协作系统"观点，试图把人际关系和古典组织理论的众多原则融合到一个框架之下。他认为只有将组织的目标和个体为组织工作的目标维持在平衡状态，一个组织才能得以运作和存活，这就要求管理者必须既具有处理人际关系的技能又掌握技术上的技能。怀特·巴克认为组织是一种"融合过程"，个体试图利用组织来进一步接近他自己的目标，而组织也会利用个体来接近它的目标，个体自我实现的过程与组织社会化的过程间的融合是通过组织的契约来完成的。克里斯·阿吉里斯也持有这种观点，但是阿吉里斯的观点中有着更多的精神分析心理学色彩，他认为个体与组织之间有一种内在矛盾，这种矛盾源于个体不断成熟的个性成长与组织纪律的抑制性之间的不兼容。阿吉里斯认为人都要从一种心理上不成熟的依赖状态改进到成熟独立，但许多现代组织使它们的雇员固定于一种依赖状态，阻碍他们全部潜力的实现。阿吉里斯认为，个体个性发展与组织间的这种不调和的结果就是导致人的冲突、挫折和失败感，人们通过爬上组织的更高层级、学会使用防御机制来缩小冲突。马斯洛的需要层次理论对行为科学流派更是产生了重大影响，按照需要层次理论，管理者所要做的工作就是满足雇员的需要，同时也实现组织目标。在马斯洛基础上，达格拉斯·麦格雷戈提出了有关人和管理策略的假设，即所谓 X 理论和 Y 理论。赫茨伯格将马斯洛的理论继续推进，提出了动机的两因素说，将那些导致或阻碍工作不满的因素称为保健因素，将那些引发或阻止工作满意的因素称为激励因素，保健因素与生理需要、安全需要和社会需要紧密相连，激励因素与尊重和自我实现的需要紧密联系。这些研究为教育管理中的个体与组织的关系拓展了新的视域，注入了新的活力。在教育管理中的学校管理、班级管理中可以见到它们的重要影响。

行为科学理论流派中对管理中的领导也进行了详细的研究，得出了一些有启迪意义的理论观点。罗伯特·布莱克和简·穆顿提出从对生产的关注和对人的关注来评估管理行为，构建了一个管理网格模型帮助管理者认清他们自己的领导风格。弗雷德·菲德勒提出了不同情境下领导行为效能的权变理论，认为绝对情境与有效领导者之间关系有三个变量：领导者与下属间的关系、任务结构和地位权力。保罗·赫塞和肯尼斯·布兰查德提出了情境领导理论：有且只有一种领导风格适合于其下属的成熟度时，这种领导风格才是有效的。情境领导理论主要建立在下属的成熟度、领导者的任务性行为和领导者的人际关系行为之间关系的基础上。赫塞和布兰查德认为两种成熟度最为重要：工作成熟和心理成熟，工作成熟表明一个人完成某项工作的成熟度，心理成熟反映一个人的成就需要和承担责任的意愿动机水平。

在行为科学理论流派中，维克托·弗鲁姆、彼得·圣吉等人都做出了杰出的贡献。弗鲁姆提出了期望概率模式理论，他认为一个人从事某项活动的动力的大小取决于"该项活动所产生成果吸引力的大小"和"该项成果实现概率的大小"两个因素。彼得·圣吉的《第五项修炼》也广为研究者们所熟悉，他为教育者提供了如何把学校等教育组织转变为自我更新的"学习型组织"的富有洞察力的观点。鲍曼和迪尔提出了重组能力观点，强调从多个角度构建同一情境的能力，应成为 21 世纪的领导者们的核心能力。戴明的全面质量管理原则使得商业组织、大学以及中小学获得了新的活力。

行为科学学派的观点角度各异，但是异彩纷呈，他们在既关注组织效能、组织建设的同时，注重人际关系，强调情景、系统和协变，一定程度上就是古典组织理论和人际关系理论的折中与调和。

（三）学科体系

1. 教育管理学的学科归属和内部体系构成

教育管理学的学科体系涉及两个基本问题：第一个问题是教育管理学的学科归属问题。学科归属问题直接影响对学科的本体性认识，进而影响到学科研究对象和所采用的具体方法，以及影响到研究成果的去向和应用问题。第二个问题是教育管理学内部构成问题，主要涉及教育管理学的研究内容和研究对象，是学科领域内部问题。

在教育管理学科的学科归属上，教育管理学无疑具有交叉性和综合性，但对于教育管理学到底是归属于教育学还是管理学，学者们有不同观点。有学者认为教育管理学根本属性上是一门管理学科，因为教育组织系统具有其他组织系统的基本特点，也具有与其他管理活动相同或相似的计划、组织、人事、领导和控制等管理过程，教育管理学也要研究与其他管理学相似的技术和方法问题，如评估技术、控制技术等。也有学者认为：教育管理包括各级各类教育行政机关和各级各类学校的管理工作。教育管理学是教育科学的一门分支学科，它是研究管理工作的科学理论和行政规律的科学。把教育管理学归属于管理学学科，具有其合理性，主要体现在教育管理学研究的是教育管理问题，而没有研究教育管理的对象——教育实践。教育实践问题属于教育学的研究对象，而非教育管理学的对象。

教育管理学学科体系的内部构成有两种分类方法：一是对宏观与微观的教育管理现象与规律分别进行研究，形成教育行政学和学校管理学；二是把教育管理研究分成基本原理研究、应用性基础综合研究、具体应用研究。

2. 教育管理的对象和教育管理学的研究对象

区分教育管理的对象和教育管理学的研究对象具有重要的学理意义和实践指导价值。教育管理和教育管理学研究都发生在教育实践中，但教育管理学的研究对象不是教育实践活动，其直接对象是教育实践中的管理活动，教育管理学通过"管理"这个中介和手段作用于教育实践。因此，教育管理的对象是各种各样复杂的教育实践和教育活动，教育管理活动是面向教育实践和教育活动而进行的管理活动，教育管理学是对这种管理活动中存在的现象及其运行过程进行理论讨论、方法总结、规律揭示的科学，它的目的指向是高质量、高效率地实现教育目标、完成教育任务。

二、教学管理在学校中的地位和作用

教学管理在学校管理中具有举足轻重的地位和不可替代的作用，具体表现在以下几个方面：

（一）教学管理是学校管理的中心环节

学校的基本任务是为现代化建设培养人才。学校的各项工作都必须围绕培养人才这个中心来开展。而人才的培养主要是通过教学活动进行的。教学是学校的中心工作，它在学校各项管理工作中显然占据重要地位。因此，学校工作必须以教学为主，教学管理是学校管理工作的核心。

（二）教学管理是学校管理的基本活动

教学管理是教学管理者通过一定的管理手段使教学活动达到既定目标的过程，它的主要任务是在教学过程中，根据一定的目标、原则、程序和方法，对教与学双方的人力，对与教学有关的物力和财力进行科学的计划，有效地组织、指挥、控制和协调，保证教学任务的完成。

（三）教学管理是学校教学正常运行的基础

教学管理是受教学过程的客观规律所制约的，而教学过程又是一种进向不确定的系统。这是因为教学过程中的随机因素复杂，其效果不确定性也就更加显著，教师教了之后，学生不一定就会，要使学生学会学好，就要有一定的手段加以保证，这就需要管理。教学过程不只是教师自身的活动，同一个教师要同时教各种不同的学生；不同的教师又要教同一个学生，为了保证教学工作的顺利进行，也需要进行管理，不然就无法协调各方面的活动。因此，教学管理在学校中的重要地位是由学校的客观规律所决定的。

每个学校每天都在进行不同形式的教学活动，而且这些教学活动又是多序列、多层次、多因素的动态过程。要使这些活动有条不紊地开展，保证师生个人活动能够协调地进行，就需要合理地组织、指挥和调度，以建立一个正常、稳定的教学秩序。否则，教学工作就不能正常进行，教学活动各个因素就不能充分发挥作用，教学质量也就无从得到保证。

（四）教学管理是提高教学质量的有效途径

教学管理在学校管理中的重要性还在于它起着提高教学质量的关键作用。教学是学校的中心工作，教学质量是学校发展的生命线，提高教学质量是学校教学工作的核心问题，教学管理是稳定教学秩序，提高教学质量，培养适应 21 世纪需要的高素质人才的基本保障。学校教学质量的提高，取决于多种因素。通常认为师资水平、教材质量、教学设备和学生素质是教学质量的决定性因素。这种看法无疑是正确的，然而还必须看到，师资队伍的建设、教材的建设，以及教与学两方面积极性的充分调动与发挥都离不开健全的、科学的教学管理。教学管理具有导向教学、评价教学和服务教学的功能，支配着学校管理工作的各个方面。因此，加强教学管理，建立有效的教学管理机制，是保证学校教学正常运行，提高学校教学质量的重要保证。

三、教学管理的职能分析

在教学管理活动中，必须正确、恰如其分地发挥出管理职能，才能形成有效、系统的管理过程。通过对教学管理活动的实践和理论研究，决策—计划—组织—实施—指挥—协调—监督—检查—总结，既是教学管理过程中相互联系的环节，也是其发挥的职能，大致可以做如下划分：

（一）决策与计划的职能

决策与计划是教学管理的首要职能。决策就是人们对未来实践的方向、目标、原则、方法和手段所做出的选择和决定。计划是根据决策和目标的要求，进行统筹安排，拟定实施方法和程序，制定相应的策略、政策等。决策是计划的前提，计划使决策具体化，决策与计划是整个管理工作的基础。教学管理决策包括目标预测和目标决策。学校作为培养人才的基地，对人才培养的目标有明确的规定。教学系统自身发展的目标是指与教育目标相适应的办学规模、办学条件、师资队伍等方面的发展目标。目标决策主要是对教学目标和教学管理目标的决策，教学目标包括教学总体目标和教学过程各个阶段的具体目标等，教学管理目标包括教学管理总目标和教学思想管理、课程管理、教学质量管理、教师管理、学生管理等子系统的具体目标。

教学管理计划包括教学规划、教学计划、教学政策法规和教学管理工作计划等。教学规划是学校教学工作整体的、较长远的发展设想和计划，包括规模、方式、方法等的总体目标和总的方向。教学计划是学校组织实施教学的总体设计，包括培养目标、规格、课程设置和要求、学时和教学环节分配等多方面。教学政策法规包括国家依据教育目的而发布的规定、条例、规则和学校为了完成培养人才的任务而制定的规章制度等。教学管理工作计划包括组织和管理教学的各类工作计划。因此，教学管理计划是一个内容广泛的计划体系，计划功能对于教学管理系统具有特别重要的意义。

（二）组织与实施的职能

组织与实施是教学管理系统的一项重要职能，指按照决策目标要求，把系统中的各种要素和成分组织起来，去执行管理计划，使教学管理计划能够付诸实施。组织与实施功能具体包括两个方面：组织设计的功能和组织行为的功能。

组织设计指按照目标要求，建立一个合理而有效的管理组织结构。它的基本内容包括：为实现教育教学总目标把教学总任务分解成若干具体任务；把具体任务合并归类，划分部门，建立职权机构，比如按年级设立年级组，按学科设立教研组等；选择和配备教师和管理人员，明确职责，并授予他们组织和管理教学的相应权力；为协调组织机构的职权关系和信息沟通关系而拟定各种规定，如教师工作职责、教学管理规章制度等。当然，并非对每项任务的管理都需要有建立组织机构的过程，经常性的组织工作是根据各个时期的任务所规定的目标组织力量、明确分工、授予权力和协调关系。

组织行为的功能，即组织实施，是组织力量执行计划的行为和过程，其目的是使管理计划能够付诸实施。组织实施的基本内容包括：统一目标，使全体教职工在目标认识上一致；统一组织指挥，使系统内的一切工作都有人按时、按量、按质去完成；人各有责，人尽其才，实行职、权、责相统一，使全体教师和管理人员明确自己的职责、工作范围、工作质量要求和协作关系；统一步骤，按计划步骤统一行动，保证计划的步步落实。

（三）指挥与协调的职能

指挥与协调也是教学管理系统的重要职能。指挥指领导者依靠行政权威，指示下属从事某种活动，使系统按指令运行。协调指消除管理过程中各环节、各要素之间的不和谐现象。因此，指挥与协调是从不同的侧面对管理过程的干预和控制，两者之间相互补充、相互完善。

指挥功能是指通过下达命令、指标等形式，使系统内部的各个人一直服从于一个权威的统一意志，将计划和领导者的决心变成全体成员的统一行动，使全体成员履行自己的职责，全力以赴地完成所负担的任务。教学管理的指挥功能有：①实行专家治校，保证领导权威，保证领导的督促、率领和引导作用有效发挥。②运用各级教学管理组织权责和规章制度，规范全体人员的行动。③严格按计划、大纲组织教学，统一标准，统一要求。④建立教学指挥机构，一般由领导、职能部门工作人员，借助于先进的设备手段，建立教学指挥中心等形式的教学指挥系统。

协调功能是指对系统运行过程中各环节、各要素之间的不和谐现象进行处理和调整以消除和减少各种矛盾，保证目标的实现。协调功能带有综合性、整体性特征，它是管理本质的体现。从某种意义上说，管理就是协调。教学管理协调的主要内容是，通过计划、沟通、调整等方法，协调教学管理系统与外部环境，如学校教育与社会系统的关系；协调教学管理系统内部各类成员之间，各组织、各部门之间，管理过程各环节、各项工作之间等关系；协调教学系统内部课内与课外之间，教、学、管诸要素之间，教学内容、方法、手段之间，各章节教学内容之间的关系；等等。

（四）监督与检查的职能

监督与检查是实施教学管理过程的重要职能。监督就是查看并督促。检查是对预测的科学性、决策的正确性、目标的完整性、计划方案的可行性以及实施计划的有效性的全面考评。从本质上讲，检查就是一种监督和控制，是一种信息反馈活动。通过检查既可以发现管理过程中的缺点和问题，又可以发现优点和经验，进而克服缺点，推广经验，把工作推向前进。

检查职能的类型可以分为：按检查时间来划分有平时检查和阶段检查。平时检查及时，不使问题成堆。阶段检查则是比较集中、全面的检查。两种检查互为补充，不可缺少。按范围来划分有全面检查和专题检查。全面检查是德、智、体、行政、总务诸方面，目的在于了解和掌握工作的全面情况。专题检查是有针对性地发现问题和解决问题，专题检查的内容取决于检查的目的，教学管理要专题检查和全面检查交替进行。按检查方式来分有自上而下的检查、互相检查和个人检查。自上而下的检查是学校领导者对下属的检查，这种检查有监督、考核的作用；互相检查是学校成员之间互相进行的一种方式，如教师之间的互相听课、互相检查教案和学生作业；个人检查是学校成员的自我检查。

这种检查有两种：一是按学校布置的提纲进行。二是自觉的自我回顾，个人自查是具有强烈责任感的表现。监督与检查具有双重功能：一是监督与考核下属人员的工作，能及时对成绩突出者给予肯定，对工作平平甚至失职行为者给予纠正；二是检查和考核领导人员本身的管理水平，计划、措施、执行是否符合规范和要求，明确管理者的责任。

（五）评价与控制的职能

评价与控制是教学管理，特别是现代教学管理的重要职能。评价包括了科学分析和价值判断，指通过教学评价和系统分析方法，判断教学效果与教学目标的差距，为决策和控制提供有用信息，控制即根据评价分析的结果，纠正计划执行中的偏差，保证教学目标的实现。评价与控制是教学管理系统重要的功能之一。

教学评价和分析的具体功能是根据教学目标和计划，运用各种科学手段，对教学过程和效果进行价值判断和系统分析，为教育教学决策和控制提供信息。教学评价和分析的主要内容包括：课程教学评价分析，课堂教学质量评价分析，教师评价分析，学生评价分析，课外活动评价分析，等等。

教学管理的控制功能包括教学前馈控制、教学过程控制和教学事后控制三种类型。教学前馈控制是预防偏差的一种控制，即预先采取有效措施，使偏差得到预先控制，防患于未然。前馈控制对于教学管理是十分重要的，教学系统是以育人为目的的，教学过程的任何偏差所造成的后果都是十分严重的、不能允许的，前馈控制可以防止这种情况的发生。教学过程控制也称教学现场控制，是在教学计划执行过程中的控制行为，通过对教学计划执行过程的现场观察、监督和指导，即对教学过程的形成性评价、分析和建议，及时纠正任何不符合教学计划要求的偏差，保证教学计划的实施。教学事后控制，又称教学成果控制，是建立在终结性评价分析的基础上的控制行为，即在计划基本完成之后，把实际取得的工作成果与计划目标相比较，发现仍然存在的差距，作为将来工作的借鉴。

（六）总结的职能

总结是教学管理活动一个周期的终止，预示着下一个周期的开始，起着承前启后的作用。总结是教育管理活动不可忽视的一环，对所做的工作进行全面系统的总结，肯定成绩，找出并总结经验教训，探索管理规律，指出未来的努力方向。总结对于积累管理经验，提高学校管理人员的管理水平，促使教学管理科学化，提高学校的工作效率和管理效能具有十分积极的意义。教学管理过程中的总结通常在一个学期或一个学年结束时进行，一般可分为全面总结和专题总结两类。做好总结工作必须遵循以下基本要求：

第一，应以计划目标作为评估绩效的标准。总结是对计划执行情况进行的综合分析和评估。原定的计划目标不仅是执行和检查计划的依据，还是评估工作绩效的重要标准。

第二，要以检查为基础。总结是检查的后继阶段，是在检查的基础上进行的。没有有效的检查，就不可能有真正符合客观实际的总结。检查可为总结提供各种可靠的信息，诸如典型的事例、人员的言行表现、科学的数据材料等，但检查并不等于总结，也不能代替总结。检查多是感性的，而总结更多的是理性的，是发现原则和规律的过程。

第三，要有激励作用。回顾过去是为了推动未来，总结应使组织成员进一步增强前进的信心和决心，成为前进过程中的"加油站"。一份优秀的检查报告应具有强大的激励作用，所肯定的成绩能增强人们的信心，指出的不足能增强人们的责任感，从而振奋人们组织精神，提高教学管理水平。特别是在行使教学管理的总结职能过程中，通常要建立赏罚分明的奖罚机制，以促进教学工作朝着积极、健康的方向发展。

第二章 小学教育的对象

第一节 小学生认知发展与学习指导

一、小学生认知概述

（一）小学生的认知特点

1.感知能力

低年级小学生感知事物时较笼统，往往只注意表面现象和个别特征，时空特性的知觉也不完善；随着教学过程的深入，小学生知觉的有意性和目的性明显发展，他们能从知觉对象中区分出基本的特征和所需的东西，对于时间单位和空间关系的辨别能力也逐渐增强。

2.注意力

虽然小学生的无意注意仍起重要作用，但有意注意发展迅速，并且逐渐在学习和从事其他活动中占主导地位。

3.记忆力

随着学习、训练的不断进行，小学生的有意记忆逐渐超过无意记忆，成为主要的记忆方式，意义记忆所占的比例逐渐超过机械记忆，在记忆活动中占主要地位。

4.思维能力

小学生的思维逐步从具体形象思维为主要形式过渡到以抽象逻辑思维为主要形式，思维的基本过程日益完善，概念的掌握趋于丰富、精确和系统，判断、推理和理解能力逐步发展。思维的品质如灵活性、批判性和创造性也有所提高。

5.想象力

小学生想象的有意性、目的性迅速增加，创造性想象显著发展，想象的内容逐渐丰富，想象的现实性有了较大的提高。高年级小学生对自己的生活前途已开始出现初步的幻想。

6. 元认知能力

元认知，即对认知的认知，是个人关于他自己的认知活动过程和结果的认知，包括元认知知识、元认知体验和元认知监控三个成分。

小学生元认知的特点是：元认知的知识水平随着年龄增长而不断增长；元认知能力在学习、记忆、理解、问题解决等方面起着重要作用，其中与阅读能力、思维品质的相关性更为明显。

（二）认知发展阶段与教学的关系

1. 认知发展制约着教学的内容和方法

学习从属于发展，从属于主体的一般认知水平。所以，各门具体学科的教学都应研究如何对不同发展阶段的学生提出既不超出当时认知结构的同化能力，又能促使他们向更高阶段发展的富有启迪作用的适当内容。例如，只有形式运算阶段的儿童才能获得纯粹以命题形式呈现的概念和规则，而大多数小学生并未达到这一发展水平，即使一些学生在某领域达到这一发展水平，在其他领域也不一定能达到，因而小学生学习抽象概念和规则，仍需要具体经验的支持。

2. 教学促进学生的认知发展

大量的研究表明，通过适当的教育训练来加快各个认知发展阶段转化的速度是可能的。只要教学内容和方法得当，系统的学校教育肯定可以起到加速认知发展的作用。

3. 教育要立足于最近发展区

儿童有两种发展水平：一是儿童的现有水平，即由一定的已经完成的发展系统所形成的儿童心理机能的发展水平，如儿童已经完全掌握了某些概念和规则；二是即将达到的发展水平。这两种水平之间的差异，就是最近发展区。也就是说，最近发展区是指儿童在有指导的情况下，借助成人帮助所能达到的解决问题的水平与独自解决问题所达到的水平之间的差异，实际上是两个邻近发展阶段间的过渡状态。这一理论的提出说明了儿童发展的可能性，其意义在于教育者不应只看到儿童今天已达到的发展水平，还应该看到仍处于形成状态的正在发展的过程。所以，维果茨基强调教学不能只适应发展的现有水平，走在发展的后面，而应适应最近发展区，走在发展的前面，并最终跨越最近发展区而达到新的发展水平。

二、认知差异

认知方式也称认知风格，是指人们在认知活动中所偏爱的信息加工方式。它是一种比较稳定的心理特征，存在很大的个体差异。

（一）认知方式差异

1.场依存与场独立

心理学家把外界环境描述为一个场。场依存型学生对客观事物的判断常以外部线索为依据，其态度和自我认知易受周围环境或背景的影响，往往不易独立地对事物做出判断，而是人云亦云，从他人处获得标准。场依存型学生的行为常以社会为定向，社会敏感性强，爱好社交活动。

场独立型学生对客观事物的判断常以自己的内部线索为依据，不易受周围环境因素的影响和干扰，倾向于对事物的独立判断；行为常是非社会定向的，社会敏感性差，不善于社交，关心抽象的概念和理论，喜欢独处。

2.冲动型与沉思型

冲动型学生在解决认知任务时，总是急于给出问题的答案，而不习惯对解决问题的各种可能性进行全面思考，有时问题还未弄清楚就开始解答。这种类型的学生认知问题的速度虽然很快，但错误率高，在解决运用低层次事实性信息的问题中占优势。

沉思型学生在解决认知任务时，总是谨慎、全面地检查各种假设，在确认没有问题的情况下才会给出答案。这种类型的学生认知问题的速度虽然慢，但错误率很低，在解决高层次问题中占有优势。

3.具体型和抽象型

具体型学生在进行信息加工时，善于比较深入地分析某一具体观点或情境。但必须把尽可能多的信息提供给他们，否则很容易使他们产生偏见。

抽象型学生在对事物进行认知时，能够看到某个问题或论点的众多方面，可以避免刻板印象，能够容忍情境的模糊性并能进行抽象程度较高的思考。

4.辐合型与发散型

辐合型认知方式是指在解决问题过程中常表现出辐合思维特征，表现为收集或综合信息与知识，运用逻辑规律缩小解答范围，直到找到最合适的唯一正确解答。

发散型认知方式是指在解决问题过程中常表现出发散思维的特征，表现为个人的思维沿着许多不同的方向发展，使观念发散到各个有关的方面，最终产生多种可能的答案而不是唯一正确的答案，因而容易产生有创意的新颖观念。

（二）智力差异

1.智力

智力是指人能顺利地从事某种活动所必需的各种认知能力的有机结合。我们平时说一个人聪明不聪明，就是说这个人智力高低的问题。

2.智力差异

由于智力是个体先天禀赋与后天环境教育相互作用的结果，因此，个体智力发展上的差异主要表现在两个方面：个体差异和群体差异。

（1）智力的个体差异

大量的研究表明，人们的智力水平呈常态分布（又称钟形分布）。绝大多数人的聪明程度属于中等。智商分数极高与极低的人很少。一般认为，IQ 超过 140 的人属于天才，他们在人口中不到 1%。

（2）智力的群体差异

第一，男女智力的总体水平大致相等，但是男性智力分布的离散程度比女性大。

第二，男女的智力结构存在差异，各自具有自己的优势领域。

（三）认知差异的教育意义

认知方式没有优劣之分，只是表现为学生对信息加工方式的某种偏爱，主要影响学生的学习方式。智力是学习成绩的一个可靠的预测指标，它主要影响学习的速度、数量、巩固程度和学习的迁移。

教师应当根据学生认知的特点，不断改革教学，努力做到因材施教：①应该创设适应学生认知差异的教学组织形式；②采用适应认知差异的教学方式，努力使教学方式个别化；③运用适应认知差异的教学手段。

三、学习兴趣

（一）兴趣与学习兴趣的含义

1. 兴趣

兴趣是指一个人积极探究某种事物及爱好某种活动的心理倾向。它是人认识需要的情绪表现，反映了人对客观事物的选择性态度。

2. 兴趣的品质

（1）兴趣的倾向性

指兴趣所指向的内容。是指向物质的，还是指向精神的；是指向高尚的，还是指向卑劣的内容。

（2）兴趣的广度

指兴趣的范围大小。有人兴趣广泛，有人兴趣狭窄。一般说来，兴趣广泛的人能获得广博的知识。

（3）兴趣的稳定性

指兴趣长时间保持在某一个或某些对象上。只有具备了稳定性，一个人才可能在兴趣广泛的背景上形成中心兴趣，使兴趣获得深度。

（4）兴趣的效能

是指兴趣对活动发生作用的大小。凡是对实际活动发生的作用大的兴趣其效能作用也大；反之，对实际活动发生作用小的兴趣其效能作用也小。

3. 学习兴趣

学习兴趣是指一个人对学习的一种积极的认识倾向，这种倾向是和一定的情感状态紧密联系的。学习兴趣是学习积极性中最现实、最活跃的心理成分，它在学习活动中起着十分重要的作用。

从对学习的促进作用看，学习兴趣可以成为学习的动因；从对学习产生新的兴趣和提高原有的兴趣看，学习兴趣是在学习活动中产生的，同时也是学习的结果。所以，学习兴趣既是学习的原因又是学习的结果。

（二）小学生学习兴趣的特点与培养

1. 小学生学习兴趣的特点

小学生情绪容易激发，但较难稳定。他们的兴趣容易受到老师、家长及环境的影响而改变。兴趣容易扩展，较为广泛，但难以集中。小学生的兴趣很容易被激发，但难以持久，也不够深刻，常常是什么都想学，样样都感兴趣，容易变化，缺少一个中心兴趣，容易产生偏科现象。小学生不容易理解学习要全面发展的重要性，很容易因一时的喜爱而过分专注于某一门学科，忽视其他学科，出现偏科现象。学习兴趣和教材难度有关。如果他们觉得教材的内容不难，掌握知识不会很困难，作业负担又不重，那么他们就会有一些兴趣；反之，他们会觉得负担重，产生焦虑、畏难情绪，从而产生抵触学习的行为。

2. 小学生学习兴趣的培养

（1）建立良好的师生关系，培养学生对学校和学习的兴趣

教师在学生眼中树立良好的形象，使学生喜欢，这是学生产生学习兴趣的前提条件。

第一，要尊重学生。教师切忌认为自己是老师，高人一等，应当走近学生，同时让学生走近教师，因为学生与教师在人格上是平等的。第二，要常与学生沟通交流。老师不妨当当学生的朋友，听听他们的心声，和他们聊聊感兴趣的话题，学生很可能因此而喜欢你，并对你所教的学科产生极大的学习兴趣。

（2）利用课堂主阵地，激发学习兴趣

第一，注重导入，创设氛围。教师精心设计导语，为课堂创设浓郁的感情氛围，是引发情感的重要艺术手段。好的导语可以使学生产生良好的教学准备状态，使学生迅速进入预定的教学轨道。第二，营造环境，主体参与。在课堂教学中营造良好的课堂氛围，把学习的主动权交给学生，这就需要教师发扬教学民主的精神，鼓励学生独立思考，使学生的思维迸发出绚烂的火花，调动学生主体参与的积极性，培养他们的学习兴趣，使他们逐渐养成良好的学习习惯。

（3）利用多媒体激发学生兴趣

小学生的思维特点是以形象思维为主，对具体形象的实物比较感兴趣。具体形象的东西直观生动，给人的印象深刻，所以教学中运用多媒体教学上课，有利于激发学生的学习兴趣，增强教学的直观性、动态感。

（4）引导学生体验成功，激发兴趣

教师应创造机会，让学生体验成功的快乐。在课堂教学过程中，当学生答题正确时，要加以鼓励；出现错误时，应给予指导；思维受阻时，应善于启发诱导，促使学生获得成功，使之体验到学习成功后的喜悦。

第二节　小学生思想品德的发展

一、品德概述

品德即道德品质，是指个体依据一定的社会道德准则和行为规范，对社会、他人、周围事物所表现出来的比较稳定的心理特征或倾向。品德是社会道德现象在个体身上的表现，是一个人在社会生活道德情境中表现出来的某些稳定的人格倾向。

（一）品德的实质

品德反映了人的社会特性，是将外在于个体的社会规范的要求转化为个体的内在需要的复杂过程。它不是个体的先天禀赋，是通过后天学习形成的。

品德具有相对的稳定性，如果只是此一时、彼一时的偶然表现，则不能称之为品德，只有经常表现出一贯的规范行为，才标志着品德的形成。

品德是在道德观念的控制下，进行某种活动、参与某件事情或完成某个任务的自觉行为，也就是说，是认识与行为的统一。如果没有形成道德观念或道德认识，那么即使个体的行为符合社会规范，也不能说是有品德的，反之亦然。

（二）品德的结构

品德是道德品质的简称，是社会道德在个人身上的体现，是个体依据一定的社会道德行为规范行动时表现出来的比较稳定的心理特征和倾向。

品德的心理结构包括道德认识、道德情感、道德意志和道德行为四个成分。

1. 道德认识

道德认识指个体对态度对象所具有的带有评价意义的观念和信念。对于某一对象而言，不同个体的态度中所含的认知成分是不同的。某些人的态度主要基于理智方面的慎重考虑，而某些人的态度可能主要由于情感冲动。

2. 道德情感

道德情感是伴随着道德认识而产生的一种内心体验，是态度的核心成分。

研究表明，态度发生变化时，情感也会相应地发生改变。但不同态度的情感成分不尽相同，有的态度理智成分较多，有的态度却是非理智的、情绪化的。

3. 道德意志

道德意志是个体自觉地调节道德行为，克服困难，以实现预定道德目标的心理过程。道德意志实际上是道德观念的能动作用，是个体通过自己理智的权衡作用去解决道德生活中内在矛盾与支配行为力量，这种力量表现为能够排除内部障碍和外部困难，坚决执行道德的动机引起的行为决定。

4. 道德行为

道德行为是个体在一定的道德认识指引和道德情感激励下所表现出来的对他人或社会具有道德意义的行为。它是道德观念和道德情感的外在表现，是衡量品德的重要标志。道德行为包括道德行为技能和道德行为习惯。

品德心理结构的这四种成分互相联系、互相渗透、互相影响、有机结合、缺一不可。它是品德教育中"晓之以理、动之以情、导之以行、持之以恒"的心理学依据。在品德教育和培养中，只有保证这四种成分的协调、平衡发展，才不会造成品德结构上的缺陷，以免阻碍品德的发展。

二、小学生品德发展的基本特征

小学时期，儿童品德发展的一个基本特点就是协调性。综合有关研究及理论，可以将小学生品德发展的基本特征归纳为以下几点：

（一）逐步形成和谐的道德认识能力

小学生的道德认识能力具有依附性，也缺乏原则性，但发展的趋势是稳定的、和谐的。具体表现在以下几个方面：

第一，在道德认识的理解上，从直观、具体、较肤浅的理解逐步过渡到较为抽象、本质的理解。如小学低年级的儿童对道德的理解水平受其思维水平的制约，认识比较肤浅和片面。随着年龄的增长，在学校教育的影响下，到小学高年级，儿童对道德概念和原则的理解逐步向比较精确的水平发展。

第二，在道德品质上，从只注意行为效果，逐渐过渡到较为全面地考虑动机和效果的统一关系。

第三，在道德原则的掌握上，道德判断从简单依附于社会的、他人的规则，逐渐过渡到受内心道德原则的制约。如小学高年级学生已懂得纪律要人人遵守。

（二）道德言行从比较协调到逐步分化

一般来说，年龄越小，言行越一致；随着年龄的增加，逐渐出现言行一致和不一致的分化。原因在于，年龄较小的儿童，行为比较简单，不善于掩蔽自己的行为，所想、所说、所做比较一致，但这种一致性的水平是比较低的。年龄较大的儿童的行为比较复杂，逐渐学会掩蔽自己的行为，致使言行脱节。导致言行不一致的原因有很多，如只会说不会做，缺乏行为技能，缺乏主动调控自己言行的意识，等等。另外，小学儿童出现言行脱节现象的一个重要原因是大人言行脱节、不一致，导致儿童模仿。因为小学儿童，尤其是低年级儿童，对行为的好坏或正误没有辨别能力，看见大人怎么做就怎么模仿，所以教师一定要明白身教重于言传的道理，注意自己的楷模作用。

（三）明显地表现出自觉纪律的形成

自觉纪律是出自内心要求而非外力强制的纪律，其形成过程是将外部教育要求转化为内部需要。具体要经过三个阶段：一是依靠外部教育要求阶段（教师制定具体规定并检查）；二是过渡阶段（体会到纪律要求并遵守，但尚未形成自觉纪律）；三是将纪律原则变成自觉行动阶段。

小学儿童违反纪律或缺乏自觉纪律的现象也是存在的，而且存在着年龄差异和个体差异。年龄小的儿童可能因为了解纪律性质、好奇或疲劳等违反纪律；年龄大的儿童违反纪律的原因较复杂，有可能是明知故犯、故意捣乱，也有可能是个体差异，如对教师有对立情绪、意志力差、精力旺盛或特殊爱好没有得到满足等。

总体来看，小学生的品德发展是从依附性向自觉性、从外部监督向自我监督、从服从型向习惯型过渡，发展较为平稳，显示出协调性。在过渡的过程中，存在着转折或质变的时期，即关键年龄。从整体发展来看，关键年龄大致在三年级（9 岁左右）。

教育者应以小学生态度与品德发展的基本特征为德育工作的出发点，在德育内容、形式、评价标准等方面遵循发展规律，重视发展过程中的关键期，采取合理的教育措施，做到有的放矢，因材施教。

第三节 小学生德育与美育

一、德育

（一）德育的概念和任务

1. 德育的概念

德育是教育者依据特定社会要求和德育规律，对受教育者实施有目的、有计划的影响，培养他们特定的政治思想意识和道德品质的活动。它是思想教育、政治教育和道德教育的总称。德育包括家庭德育、学校德育、社会德育等形式。

2. 德育的任务

逐步提高学生的道德修养，形成社会主义和共产主义道德观。培养学生正确的政治方向，初步形成科学的世界观。培养学生的道德评价和自我教育的能力，养成学生良好的道德行为习惯。培养学生的民族精神，形成正确的理想和信念。

（二）德育内容

德育内容具体规定学生发展的政治方向和应掌握的思想观点与道德规范。它标志着应当培养学生具有哪些品德，是进行德育的依据，是完成德育任务、实现德育目的的一个重要保证。我国学校德育的内容应体现现实性与理想性的高度统一。

我国学校德育由道德教育、思想教育、心理健康教育等构成。

1. 道德教育

道德教育是关于个体与个体、个体与群体和社会、个体与自然的行为规范和准则的教育，包括家庭伦理道德、社会公德、公民道德、职业道德和个人品德修养等方面的教育，它强调人的良心与良知、义务感与责任感、自愿与自觉。我国小学道德教育的目的在于引导学生逐步理解与领会社会主义的道德理想与道德行为规范，初步理解人与人之间应具备的道德关系，养成良好的道德行为习惯。

2. 思想教育

思想教育是指对事物的态度和思想观点的教育，以个体的价值认知为核心，其最终目标是使受教育者形成一定的世界观、价值观和人生观。我国小学思想教育的目的在于引导学生逐步理解和领会世界、社会与人生的丰富性与复杂性，教导学生学会思考，逐步形成科学的世界观、正确的人生观和价值观。

3.心理健康教育

良好的心理素质是指人在社会生活和工作中，尤其在人际交往中，所表现出来的良好的态度、情感、意志和个性等。它直接影响人的生活质量、工作成效和社会评价。心理教育有利于学生对世界和自我的客观正确的认识，养成良好的人际沟通能力，保持和谐的人际关系，情绪适度，意志坚强，行为正确，个性健全。

（三）德育规律

德育过程的规律，简称德育规律，是德育过程中必然存在的、稳定的联系。

1.学生的知、情、意、行诸因素统一发展的规律

（1）知、情、意、行是构成思想品德的四个基本要素

德育过程是培养学生品德的过程。学生品德是由思想、政治、法纪、道德方面的认识、情感、意志、行为等因素构成的。这几个因素简称为知、情、意、行。构成品德的知、情、意、行这几个因素是相对独立的，又是相互联系的。

知，即道德认识，是人们对道德规范及其意义的理解和掌握，对是非、善恶、美丑的认识、判断和评价，以及在此基础上形成的道德识辨能力，也是人们确定对客观事物的主观态度和行为准则的内在依据。

情，即道德情感，是人们对社会思想道德和人们行为的爱憎、好恶等情绪态度，是进行道德判断时引发的一种内心体验。它伴随品德认识而产生发展并对品德认识和品德行为起着激励和调节作用。判断积极或消极情绪体验好坏的标准，是看它跟何种品德认识相联系以及它在"长善救失"中的地位和作用。

意，即道德意志，是为实现道德行为所做的自觉努力，是人们通过理智权衡，解决思想道德生活中的内心矛盾与支配行为的力量，它常常表现为用正确动机战胜错误动机、用理智战胜欲望、用果断战胜犹豫、用坚持战胜动摇，排除来自主客观的各种干扰和障碍，按照既定的目标把品德行为坚持到底。

行，即道德行为，是人们在行动上对他人、社会和自然做出的反应，是人的内在的道德认识和情感的外部行为和外部表现，是衡量人们品德的重要标志。它是通过练习或实践形成的。道德行为包括一般的行为和经多次练习所形成的道德行为习惯。道德行为受道德认识、情感和意志的支配、调节，同时又影响道德认识、情感和意志。道德行为是衡量人们品德的重要标志。

（2）知、情、意、行之间的关系及其发展

德育过程的一般顺序可以概括为，提高道德认识、陶冶品德情感、锻炼品德意志和培养品德行为习惯。有的班主任根据自己的经验将德育工作总结概括为"晓之以理、动之以情、持之以恒、导之以行"四句话，这是符合德育过程规律的。知、情、意、行四个基本要素是相互作用的，其中，"知"是基础，"行"是关键。

在德育具体实施过程中，有多种开端，即不一定恪守知、情、意、行的一般教育培

养顺序，而是根据学生品德发展的具体情况，或从导之以行开始，或从动之以情开始，或从锻炼品德意志开始，最终达到使学生品德在知、情、意、行等方面的和谐发展。

2.学生在活动和交往中形成思想品德规律

（1）学生的思想品德是在社会交往活动中形成的，没有社会交往，就没有社会道德

学生的思想品德是在积极主动的社会实践活动和社会交往过程中逐步形成、发展起来的，通过具体行为表现出来并接受实践检验。学生形成一定品德的目的，也是为了更好地适应和参与社会新生活的创造。因此，教育者应把组织活动和交往看作德育过程的基础。活动和交往的性质、内容、方式不同，对人的品德影响的性质和作用也不同。

（2）德育过程具有社会性和可控性

学生是生活在一定社会群体中的，他们的思想品德的发展，受家庭、学校和社会环境等多方面影响，因此德育过程要与社会实践紧密结合，具有社会性。同时，学校教育是有目的、有计划、有组织、系统性的育人活动，可以对其内部环境因素加以控制和调节，使学生所处的教育环境有利于学生思想品德的健康发展，因而，德育过程也具有可控性。

二、美育

（一）美育概述

美育又称审美教育或美感教育，目的是培养学生健康的审美观，以及感受美、鉴赏美和创造美的能力，培养他们的高尚情操与文明素养的教育。美育不等于艺术教育，也不仅仅是"美学"的学习，它的内容要比艺术教育和"美学"宽泛得多。美育的作用在于净化学生心灵，激发学生热爱和追求美好生活，在促进学生全面发展上具有重要作用。所以，美育是全面发展教育的一个不可缺少的重要组成部分。

（二）小学美育的要求

1.提高学生感受美的能力

感受美的能力既包括对自然、社会中存在的现实美的感受能力，也包括对艺术作品的艺术美的感受能力。提高学生感受美的能力，从根本上说是提高人的整体性的精神素养。

2.培养学生鉴赏美的能力

培养学生鉴赏美的能力，即引导学生领会和体验具有美学的基础知识，具有分辨美与丑、优与劣的能力，具有区分美的程度和种类的能力，懂得各种类型的美的特性与形态的丰富性，领悟美所表达的意蕴，从而达到"物我同一"的审美境界，陶冶情操。

3.形成学生创造美的能力

形成学生创造美的能力，关键是培养学生能把自己独特的美感用各种不同的形式表达出来的能力。创造美的能力既包括艺术美的创造，也包括生活美的创造。培养学生创

造美的能力是美育的最高层次的任务。

（三）美育的方法

1. 利用课堂教学这一重要途径

艺术教育是学校实施美育的重要途径，各学科教学内容都蕴含着丰富的美育素材，教师应认真挖掘，把美育渗透到课堂教学之中，创造美的氛围，引导学生去感知和欣赏美。例如，朱自清的《春》用"坐、躺、踢、赛、捉"等动词，写出人们在初春来临时的喜悦之情，在教师的引导下，学生细细鉴赏、品味这些优美的句子，体会作者的思想感情，不仅获得了美的感受，而且得到了美的升华。新课程标准强调语文学科要"提高思想道德修养和审美情趣"，语文教师可以在阅读、写作中引导学生感受美、理解美、欣赏美。其他学科，如音乐、舞蹈、美术、数学、英语等，同样能让学生感受到外形美、色彩美、比例美，进而了解抽象美、对称美、统一美等。

2. 积极挖掘环境的美育功能

校园环境、文化是一种无形的力量，对学生进行潜在的隐形教育，在不知不觉中影响学生的道德情感、意志和行为。这种特殊的感染和陶冶作用是课堂教学所不可替代的，其实质是美育在校园文化中的再现。所以，校园文化对学生的世界观、价值观的确立和良好校风的形成，以及学生整体素质的提高、审美教育的完善，都有重要的促进作用。教师应重视校园建设，引导学生参加力所能及的建校劳动，增强创建校园美的意识，从而培养他们创造美、珍惜美的观念。

此外，社区环境、自然环境等都可以成为美育的资源。例如游览千姿百态的风景，参观各种各样的博物馆、展览馆，听取英雄、模范人物的生动报告，欣赏各种文学艺术作品，参加各种文艺活动等，都是进行美育的好形式、好方法。

3. 充分发挥教师角色的示范作用

教师的言谈举止无时无刻不在潜移默化地影响着学生。教师的形象、教育教学过程和人格修养等对于有效地实施美育至关重要。德国教育家第斯多惠曾经说："教师本人是学校里最重要的师表，是最直观的最有教益的模范，是学生最活生生的榜样。"教师犹如一面镜子，面对的是无数双明亮的眼睛，也随时会成为学生模仿的对象。教师应有高尚的职业人格、熟练的职业技能和良好的职业形象，塑造集仪表美、语言美、行为美和人格美于一体的美，成为美的体现者和创作者，对学生实施潜移默化的美育。例如，教师应当衣着整洁、举止得当；教师的语言应当规范、健康、准确、适当、声情并茂，而且富有节奏感；等等。

第四节 小学生健康与安全教育

一、小学生健康与安全教育概述

《中小学健康教育指导纲要》指出小学生健康教育内容主要包括五个领域：健康行为与生活方式、疾病预防、心理健康、生长发育与青春期保健、安全应急与避险。

（一）小学一、二年级健康与安全教育

1. 目标

知道个人卫生习惯对健康的影响，初步掌握正确的个人卫生知识；了解保护眼睛和牙齿的知识；知道偏食、挑食对健康的影响，养成良好的饮水、饮食习惯；了解自己的身体，学会自我保护；学会加入同伴群体的技能，能够与人友好相处；了解道路交通和玩耍中的安全常识，掌握一些简单的紧急求助方法；了解环境卫生对个人健康的影响，初步树立维护环境卫生的意识。

2. 基本内容

（1）健康行为与生活方式

不随地吐痰，不乱丢果皮、纸屑等垃圾；咳嗽、打喷嚏时遮掩口鼻；勤洗澡、勤换衣、勤洗头、勤剪指甲；不共用毛巾和牙刷等洗漱用品（包含沙眼的预防）；不随地大小便，饭前便后要洗手；知道正确的洗手方法；正确的身体坐、立、行姿势，预防脊柱弯曲异常；正确的读写姿势；正确做眼保健操；每天早晚刷牙，饭后漱口；知道正确刷牙方法以及选择适宜的牙刷和牙膏，预防龋齿；适量饮水有益健康，每日适量饮水，提倡喝白开水；吃好早餐，一日三餐有规律；偏食、挑食对健康的影响；经常喝牛奶、食用豆类及豆制品有益生长发育和健康；经常开窗通气有利健康；文明如厕、自觉维护厕所卫生；知道蚊子、苍蝇、老鼠、蟑螂等会传播疾病。

（2）疾病预防

接种疫苗可以预防一些传染病。

（3）心理健康

日常生活中的礼貌用语，与同学友好相处的技能。

（4）生长发育与青春期保健

了解生命孕育、成长基本知识，知道"我从哪里来"。

（5）安全应急与避险

知道常见的交通安全标志；了解行人应遵守的基本交通规则；了解乘车安全知

识；不玩危险游戏，注意游戏安全；燃放鞭炮要注意安全；不玩火；使用电源要注意安全；使用文具、玩具要注意卫生安全；远离野生动物，不与宠物打闹；家养犬要注射疫苗；发生紧急情况会拨打求助电话（医疗求助电话：120，火警电话：119，匪警电话：110）。

（二）小学三、四年级健康与安全教育

1. 目标

进一步了解保护眼睛、预防近视眼的知识，学会合理用眼；了解食品卫生基本知识，初步树立食品卫生意识；了解体育锻炼对健康的作用，初步学会合理安排课外作息时间；初步了解烟草对健康的危害；了解肠道寄生虫病、常见呼吸道传染病和营养不良等疾病的基本知识及预防方法；了解容易导致意外伤害的危险因素，熟悉常见的意外伤害的预防与简单处理方法；了解日常生活中的安全常识，掌握简单的避险与逃生技能；初步了解生命的意义和价值，树立保护生命的意识。

2. 基本内容

（1）健康行为与生活方式

知道读书、写字、看电视、用电脑的卫生要求；预防近视（认识近视的成因、学会合理用眼、注意用眼卫生、定期检查），预防眼外伤；不吃不洁、腐败变质、超过保质期的食品；生吃蔬菜水果要洗净；知道人体所需的主要营养素；体育锻炼有利于促进生长发育和预防疾病；知道睡眠卫生要求；生活垃圾应该分类放置；烟草中含有多种有害于健康的物质，避免被动吸烟。

（2）疾病预防

蛔虫等肠道寄生虫病对健康的危害与预防；营养不良、肥胖对健康的危害与预防；认识传染病；常见呼吸道传染病（流感、水痘、腮腺炎、麻疹、流脑等）的预防；冻疮的预防（可根据地方实际选择）；学生应接种的疫苗。

（3）生长发育与青春期保健

人的生命周期包括出生、发育、成熟、衰老、死亡；初步了解青少年身体主要器官的功能，学会保护自己。

（4）安全应急与避险

知道游泳和滑冰的安全知识；不乱服药物，不乱用化妆品；知道火灾发生时的逃生与求助方法；知道地震发生时的逃生与求助方法；动物咬伤或抓伤后，应立即冲洗伤口，及时就医，及时注射狂犬疫苗；会简单处理鼻出血；知道简便止血方法（指压法、加压包扎法）。

（三）小学五、六年级健康与安全教育

1. 目标

了解健康的含义与健康的生活方式，初步形成健康意识；了解营养对促进少年儿童生长发育的意义，树立正确的营养观；了解食品卫生知识，养成良好的饮食卫生习惯；了解烟草对健康的危害，树立吸烟有害健康的意识；了解毒品危害的简单知识，远离毒品危害；掌握常见的肠道传染病、虫媒传染病基本知识和预防方法，树立卫生防病意识；了解常见地方病如碘缺乏病、血吸虫病对健康的危害，掌握预防方法；了解青春期生理发育基本知识，初步掌握相关的卫生保健知识；了解日常生活中的安全常识，学会体育锻炼中的自我监护，提高自我保护的能力。

2. 基本内容

（1）健康行为与生活方式

健康不仅是没有疾病或不虚弱，而是身体、心理、社会适应的完好状态；膳食应以谷类为主，多吃蔬菜、水果和薯类，注意荤素搭配；日常生活饮食应适度，不暴饮暴食，不盲目节食，适当食用零食；认识容易引起食物中毒的常见食品（发芽土豆、不熟扁豆和豆浆、毒蘑菇、新鲜黄花菜、河豚等）；体育锻炼时自我监护的主要内容（主观感觉和客观检查的指标）；发现视力异常，应到正规医院眼科进行视力检查、验光，注意佩戴眼镜的卫生要求。

（2）疾病预防

贫血对健康的危害与预防；常见肠道传染病（细菌性痢疾、伤寒、甲型肝炎等）的预防；疟疾的预防；流行性出血性结膜炎（红眼病）的预防；碘缺乏病对人体健康的危害；血吸虫病的预防（可根据地方实际选择）。

（3）心理健康

保持自信，自己的事情自己做。

（4）生长发育与青春期保健

青春期的生长发育特点：男女少年在青春发育期的差异（男性、女性第二性征的具体表现）；变声期的保健知识；青春期的个人卫生知识；体温、脉搏测量方法及其测量的意义。

（5）安全应急与避险

知道骑自行车的安全常识；知道常见的危险标志，远离危险物；知道煤气中毒的发生原因和预防；知道触电、雷击的预防；知道中暑的预防和处理；知道轻微烫、烧伤和割、刺、擦、挫伤等的自我处理；提高网络安全防范意识。

二、小学生预防传染病安全常识

传染病是指由各种致病微生物引起的，能在人与人、动物与人之间相互传染的疾病。

（一）传染病传播的方式和途径

第一，通过空气从呼吸道传染。如流感、流脑、麻疹、百日咳、风疹、猩红热等。

第二，通过食物经消化道传播。如痢疾、伤寒、甲肝等。

第三，通过昆虫及动物传染。如蚊子传播乙脑，虱子传播斑疹、伤寒，狗能传播狂犬病，苍蝇传播痢疾等。

第四，通过日常接触传染。如沙眼、红眼病、水痘等。

第五，通过血液传播。如乙肝、丙肝、艾滋病等。

（二）预防传染病的措施

第一，控制和消灭传染源。

第二，切断传播途径。

第三，保护易感人群。

三、小学生意外伤害事故的防范

小学生是意外伤害的高发人群。通过采取适当的防范措施，可以有效地预防意外伤害。

（一）跌落碰撞

小学生非故意伤害以跌倒、碰撞为最多，常发生于学生上下楼梯、走路、跑跳、轮滑、滑板、骑自行车时。跌落、碰撞多见于课余活动时，以及玩耍，也可能是上体育课时。轻者擦伤皮肤，重者可有扭伤、皮裂伤、骨折，甚至发生颅脑、脊椎损伤，造成严重后果。

具体的防范措施有：①不在楼梯台阶上玩耍、奔跑；不在黑暗或视线不明的地方奔跑；不在光滑的地面或有积水的地面相互追逐、奔跑。②走路时不东张西望，尤其在斜坡、转弯处要注意安全；不从楼房的窗户和阳台栏杆处探出身体往下看。③体育活动中遵守活动规则，佩戴适当的护具，在老师指导下进行活动，不单独做有危险的动作。④遇到紧急事件要听从老师指挥，按学校制订的预案行动，尤其是下楼时要有序而下，以免造成拥挤、踩踏。

（二）淹溺事故

淹溺是夏季经常发生的意外伤害，后果往往很严重。游泳池、景观水池，以及上下学路上的池塘、湖泊等地方都有可能发生淹溺事故。

具体的防范措施有：①学习游泳时要有成人陪同，不要私自去游泳；②游泳要去正规的游泳池，不要到池塘里游泳；③在水池边玩耍要小心，不要捞取水中的东西，以免跌落水中；④有同伴落水，要立即大声呼救，寻求成人前来营救，尽量不要擅自下水救人，以免发生多人淹溺事故。

（三）食物中毒

食物中毒是指食入有毒或受污染的食物引起的胃肠道症状，严重者可有神经、血液系统功能紊乱或器官损伤。小学生食物中毒后的损害更严重，因此要特别防范。

具体的防范措施有：①不买、不吃马路边和学校旁无证摊贩出售的食品；②不买、不吃腐败和变质的食物，水果要洗净后食用；③不买与玩具混装的食品；④讲卫生，养成饭前便后洗手的好习惯。

（四）交通事故

交通事故多发生在小学生上下学的路上。

具体的防范措施有：①学校应该对学生进行交通安全的教育，让学生养成严格遵守交通规则的意识。②对于步行上学的孩子，应要求他们走人行道，或靠边行走；过马路要走人行横道，注意观察过往车辆，不要突然横穿马路；不要闯红灯；不要在马路边玩耍。③雾天要尽可能穿颜色鲜艳（比如红色、黄色）的外衣；使用带有反光条的书包将有助于减少孩子夜晚发生交通事故的危险。④不要骑自行车上马路。

第五节 小学生心理辅导

一、小学儿童心理健康概述

（一）心理健康的概念

对于心理健康概念的定义和内涵，不同学者从不同角度进行了阐述。国际心理卫生大会对"心理健康"的定义是："心理健康是指在身体、智能以及情感上，能保持同他人的心理不相矛盾，并将个人心境发展成为最佳的状态。"英国《简明不列颠百科全书》中译本将"心理健康"定义为："心理健康是指个体心理在本身及环境条件许可范围内所能达到的最佳功能状态，但不是十全十美的绝对状态。"所谓心理健康，其实就是一种良好的、持续的心理状态与过程，表现为个人具有生命的活力、积极的内心体验、良好的社会适应能力，并能够有效地发挥个人的身心潜力，以及作为社会一员的积极的社会功能。

（二）小学儿童心理健康的标准

小学儿童是处于特定年龄阶段的特殊群体，他们具有与年龄和角色相对应的心理行为特征。小学儿童心理健康的标准可概括为三个方面：敬业、乐群以及自我修养。

1. 敬业是指乐于学习

学习是小学儿童的主要活动，心理健康的学生可以正常学习，并在学习中发挥智力和能力的作用，继而产生成就感，成就感不断得到满足就会产生乐学感，如此就形成了一个良性循环。

2. 乐群是指人际关系良好

每个儿童总是"定格"于人际关系网络中某个特定的位置，同时又与别人发生各种方式的联系。学生处理人际关系的能力直接体现了其心理健康水平。良好的人际关系主要体现在以下几个方面：能了解彼此的权利与义务；能客观了解他人；关心他人需要；诚心地赞美和善意地批评；积极沟通；保持自身人格的完整性。

3. 自我修养是指正确认识自我、体验自我和控制自我

具体表现在：善于正确评价自我；能通过别人来认识自己；具有自制力；扩展自己的生活经验；根据自身情况确立抱负水平。

具体地说，可概括为以下十条标准：

（1）了解自我

对自己有充分的认识和了解，并能恰当地评价自己的能力。

（2）信任自我

对自己有充分的信任感，能克服困难，面对挫折能坦然处之，并能正确地评价自己的失败。

（3）悦纳自己

对自己的外形特征、人格、智力、能力等都能愉快地接纳认同。

（4）控制自我

能适度地表达和控制自己的情绪和行为。

（5）调节自我

对自己不切实际的行为目标、心理不平衡状态以及与环境的不适应性，能及时反馈、修正、选择、变革和调整。

（6）完善自我

能不断地完善自己，保证人格的完整与和谐。

（7）发展自我

具备从经验中学习的能力，充分发展自己的智力，能根据自身的特点，在集体允许的前提下，发展自己的人格。

（8）调适自我

对环境有充分安全感，能与环境保持良好的接触，理解他人，悦纳他人，能保持良好的人际关系。

（9）设计自我

有自己的生活理想，理想与目标能切合实际。

（10）满足自我

在社会规范的范围内，适度地满足个人的基本需求。

二、小学儿童的心理辅导

"辅导"源于英文的"guidance"，有引导与辅助的意思，也有向需要帮助的人提供服务与帮助的意思。学生心理辅导是指教育者运用心理学、教育学、社会学、行为科学乃至精神医学等多种学科的理论与技术，帮助学生自我认识、自我接纳、自我调节，从而充分开发自身潜能，促进学生心理健康与人格和谐发展的一种教育活动。心理辅导是学生素质教育的重要组成部分，是学生品德教育的发展基础。对学生开展心理辅导是学校教育工作的重要组成部分，是学生心理发展的实际需要，也是社会发展与现代化建设的需要。

（一）学习辅导

学习是学生的主要任务，学生的学习状况如何，对学生的心理状况会产生极大的影响。学习上的挫折和失败，往往会导致许多心理问题。在小学阶段开展学习辅导有助于改善学生学习效果，提高学习效率。学习辅导不仅可以帮助学生解决学习上的心理问题，还会使学生学会真正的学习，有助于培养学生完善的人格。

1.学习动机辅导

学习动机在学生的学习中具有重要作用，因此应通过学习辅导充分激发学生的学习动机，使学生把学校、家庭及社会的需要转变为自己内在的学习需要，使学生的学习成为一种主动、自主的学习。

在教育教学中教师应采用多种方法激发学生的好奇心和求知欲。可采用创设问题情境的方法，提供可使学生产生疑问、好奇心的材料，激发学生的探究欲，并增强学习内容的趣味性，采取灵活多样的教学形式，培养学生的学习兴趣。在学习过程中，教师应引导学生不断提出切实可行的学习目标，使学生在目标的激励下不断进步。对待部分学业成绩不良的学生，教师可帮助他们选择难度适合的任务，使他们不断获得成功的体验，进而提高自我效能感。同时，教师应做到正确运用表扬和批评、合理运用奖赏与惩罚、营造适度紧张的竞赛或竞争氛围，以激发学生的学习动机。

2.学习策略辅导

学习策略是指有助于提高学习效率或完成一定的学习任务的方法的总称。学习策略具有主观能动性、有效性、过程性和通用性的特点。从认知领域看,学习策略包括复述策略、组织策略、精细加工策略等。其中,复述策略不是简单地重复,而是通过一定的方法,如画线、概括,来帮助学生记忆;组织策略是指对学习材料进行加工,按照材料的特征或类别进行整理、归类或编码,使学习内容由繁到简、由混乱到有序,帮助学生理解;精细加工策略是指学习者利用表象、意义联系或人为联想等方法对学习材料做意义性的添加、构建,以更好地记住所学内容。

另外,除了学习材料本身的策略外,还包括支持性学习策略以及自我调控策略。支持性学习策略可促使学生产生和维持某种内部状态,从而更有效地利用认知学习策略,如学习时间的管理、学习环境的控制、学习资源的利用等。自我调控策略是个体对学习活动进行自我调节和控制的方法,包括学习过程中个体确立学习目标、安排学习步骤、选择学习方法、利用学习时间、执行学习计划、检查与分析学习结果、采取补救措施等。

3.学习习惯辅导

学习习惯直接关系到学生学习的好坏和人格的完善,因此学习习惯的辅导应引起教师的高度重视。学习习惯的辅导,既包括学习习惯的培养,又包括不良学习习惯的矫正。主要方法有认知法、强化法、行为塑造法以及惩罚法。认知法是从认知角度培养学习习惯的方法,教师要帮助学生了解自己的认知风格类型,并提高元认知能力,促进良好习惯的养成。强化法包括正强化(表扬、鼓励、奖赏)和负强化(撤销处分),凡是能增强行为反应的措施都称为强化。与此相对应的是惩罚法,凡是能减少行为反应的措施都称为惩罚,如批评、罚站、取消游戏资格等。一般来说,强化能促进良好行为的发生,而惩罚能抑制不良行为的发生。此外,行为塑造法也是强化法的一种,是指通过不断强化,逐渐形成某种新行为的过程,它在学生学习习惯的培养过程中十分重要。

4.学习困难辅导

在学校中,一部分学生学业成绩落后,不能达到预期学习目的,对这些学习困难学生的辅导,是学习辅导的重要组成部分。教师应帮助学生改善不良的心理环境,增强学生学习的自信心。要注意发现学习困难学生的长处,找出他们身上的闪光点,并结合他们出现的点滴进步及时予以表扬和鼓励,使他们认识到自身的潜在优势,逐渐对自己产生信任感,对学习产生兴趣。此外,教师还应关心学生的成长,客观、公平、公正地对待学习困难学生,为他们营造一个良好的心理氛围,并结合有针对性的辅导训练,帮助他们提高学习成绩。

(二)人格辅导

一个人的人格渗透在个体的全部言行之中,覆盖于个体活动的多个层面。一个人爱什么、追求什么、怎样律己、怎样待人、怎样工作、怎样生活,无不折射着人格的影子。

小学是人格形成和发展的关键时期，小学生人格的成长和发展需要教师给予更多的帮助和指导。

1. 自我意识辅导

通过自我意识辅导，可以帮助学生形成积极的自我意识品质，如自我认识全面客观、悦纳自我、开放的自我结构、理想与现实自我基本一致等。教师应适当地为学生在学业、同伴交往、文体活动中创造一些成功的机会，并让学生看到自己的进步。教师应尊重、理解学生的感受。对学生进行社会比较时，要选择好比较对象，应想方设法通过比较提高学生的自信。此外，还应引导学生为自己设立合适的目标，既不好高骛远，也不自视过低，要鼓励学生自己动手完成任务，在这个过程中学会自我监控，形成和发展自我监控能力。

2. 情绪辅导

情绪是人对客观事物态度的体验，通过情绪辅导，可以促进学生形成良好情绪、消除不良情绪。教师应教育和引导学生树立正确的幸福观，指导学生自主地拥有幸福，主动地把握幸福，无论在生活上还是学习上，均保持乐观的心态。研究表明，我国小学生常见的不良情绪有焦虑、抑郁、厌学等。教师应指导学生自我放松，缓解紧张，减轻焦虑，在遇到抑郁情绪时，学会宣泄、缓冲、转移。为避免学生产生不良情绪，教师和家长应注意为学生创造宽松和谐的生活与学习环境，使他们充分感受到学校、家庭以及社会的温暖。

3. 人际交往辅导

人际交往辅导是指对学生在人际交往能力和技能方面给予的具体指导和帮助。通过人际交往辅导，可使学生实现当前的人际适应，并为将来顺利走向社会，建立和谐的人际关系奠定良好的基础和条件。教师应首先对学生家长进行辅导，教育家长把孩子当成平等的人对待，尊重孩子的期望，倾听孩子的心声，构建亲子间相互信任的关系；其次要教育学生尊重父母、理解父母，与同学朋友友好相处，真诚待人，正确处理与同伴之间的关系。此外，教师自己也要做到尊重、热爱学生，为营造良好的师生关系而努力。

（三）团体辅导与个别辅导

每个学生的气质、性格、能力等心理特点都各不相同。学生在成长过程中所发生的心理问题，有些是共同的，也有些表现为个性化问题。因此，面向全体学生的团体辅导和针对个别学生的个别辅导，是学校心理辅导的两个方面，缺一不可。

1. 团体辅导

团体辅导是指运用团体的情境，通过预设的活动、课程、内容来帮助预防个体在其各发展阶段中会碰到的各类问题。团体辅导的特征是：感染力强、效率高、效果易巩固。教师可以组织学生参加小组活动，制定出相应的活动纪律和规则，并保证团体中的每个成员都参与到团体的活动中，把团体作为实验场所，练习和改善自己的心理与行为。在团体活动的终期，教师要对团体目标的达成程度、团员在团体内的行为表现、团员对团体的满意度等进行评估，以帮助团体成员了解团体辅导的成效。

2.个别辅导

个别辅导是指通过鉴别、诊断、分析和干预，解决学生个别心理困惑的一种辅导形式。个别辅导大多以一个学生为对象，详尽地了解来访学生各方面的资料，并加以分析研究，以期了解其存在的问题，并提出适当的处置方法，使其在行为上有所改善而获得有效发展。个别辅导主要针对以下几类学生：学业不良学生、行为问题学生、身体缺陷学生、情绪困扰学生、人际适应不良学生和家庭环境不利学生。教师在进行个别辅导的过程中，既要了解学生心理问题的症结所在，又要了解学生行为的动机及其身心发展过程，以便从根本上帮助学生解决问题，提高心理素质。

三、影响学生行为改变的方法

在进行心理辅导时，不论采用何种方法，都必须以建立良好的辅导关系为前提。辅导教师与受辅导学生之间要建立起一种新型的、建设性的、具有辅导与治疗功能的人际关系，其主要特点是：积极关注、尊重、真诚与同感。其中，同感是指辅导教师设身处地地去体会受辅导学生的内心感受，进入他的内心世界。

（一）行为改变的基本方法

行为改变的基本方法有强化法、代币奖励法、行为塑造法、示范法、暂时隔离法、消退法、处罚法及自我控制法等。

1.强化法

强化法用来培养新的适应行为。根据学习原理，一个行为发生后，如果紧跟着一个强化刺激，这个行为就会再一次发生。例如，一个学生不敢同老师说话，学习上遇到了疑难问题也没有勇气向老师求教，当他一旦敢于主动向老师请教，老师就给予表扬，并耐心解答问题，这个学生就能学会主动向老师请教的行为方式。

2.代币奖励法

代币是一种象征性强化物，筹码、小红星、盖章的卡片、特制的塑料币等都可作为代币。当学生做出我们所期待的良好行为后，我们发给数量相当的代币作为强化物。学生用代币可以兑换有实际价值的奖励物或活动。代币奖励的优点是：可使奖励的数量与学生良好行为的数量、质量相适应，代币不会像原始强化物那样产生"饱"现象而使强化失效。

3.行为塑造法

行为塑造是指通过不断强化逐渐趋近目标的反应，来形成某种较复杂的行为。有时候我们所期望的行为在学生身上很少出现或很少完整地出现，此时我们可以依次强化那些逐渐趋近目标的行为，直到合意行为的出现。

4. 示范法

观察、模仿教师呈示的范例（榜样），是学生社会行为学习的重要方式。模仿学习的机制是替代强化。替代强化的含义是：当事人（学习者）因榜样受强化而使自己也间接受到强化。由于范例的不同，示范法有以下几种情况：辅导老师的示范，他人提供的示范，电视、录像、有关读物提供的示范，角色的示范等。

5. 暂时隔离法

暂时隔离意味着奖励、强化、关注、有趣活动的终止。通常实施暂时隔离法的要点是：第一，此法适用于纠正 2~12 岁儿童的冲动性、攻击性、情绪性及充满敌意的不良行为；第二，选择一个无聊的、单调而又安全的地方做隔离地点；第三，使用定时器，而隔离时间遵循"一岁一分钟"原则；第四，暂时隔离期间不与儿童交谈和争吵；第五，定时器响后，立即结束隔离，并询问儿童被隔离的原因，但不要求儿童道歉与保证。

6. 自我控制法

自我控制是让当事人自己运用学习原理，进行自我分析、自我监督、自我强化、自我惩罚，以改善自身行为。从理论指导来说，它是一种经过人本主义心理学改善过的行为改变技术。其好处是：强调当事人（学生）的个人责任感，增加了改善行为的练习时间。

（二）行为演练的基本方法

行为演练的基本方法有全身松弛法、系统脱敏法和肯定性训练等。

1. 全身松弛法

全身松弛法，或称松弛训练，是通过改变肌肉紧张，减轻肌肉紧张引起的酸痛，以应对情绪上的紧张、不安、焦虑和气愤。全身松弛法有不同的操作方式，紧张、松弛对照训练是最常见的一种。这种松弛训练法由雅各布松在 20 世纪 20 年代首创，经后人修改完成。其要点是，训练者要学会接受自身生理状态的信息，辨认肌肉紧张、放松的感觉，对肌肉做"紧张——坚持——放松"的练习，从紧张与放松的感觉对比中学会放松。训练时，对全身多处肌肉按固定次序依次放松，每日练习，坚持不断。

2. 系统脱敏法

系统脱敏的含义是，当某些人对某事物、某环境产生敏感反应（害怕、焦虑、不安）时，我们可以在当事人身上发展起一种不相容的反应，使对本来可引起敏感反应的事物不再发生敏感反应。例如，一个学生过分害怕猫，我们可以让他先看猫的照片、谈论猫；再让他远远观看关在笼中的猫；让他靠近笼中的猫；最后让他摸猫、抱起猫，消除对猫的惧怕反应。这就是"脱敏"。系统脱敏法由沃尔朴首创。

3. 肯定性训练

肯定性训练，也叫自信训练、果敢训练，其目的是促进个人在人际关系中公开表达自己的真实情感和观点，维护自己的权益，也尊重别人的权益，发展人的自我肯定行为。自我肯定行为主要表现在三个方面：第一，请求。请求他人为自己做某事，以满足自己合理的需要。第二，拒绝。拒绝他人无理要求而又不伤害对方。第三，真实地表达自己的意见和情感。实际生活中，许多学生表现出的是不肯定行为。如谈话时眼睛不敢看着对方，说话句子短，不敢提出合理要求，不敢拒绝别人的无理要求，不敢表示自己的不满情绪，与同学发生矛盾时不敢正面解决问题，而是哭着找老师等。

肯定性训练是通过角色扮演以增强自信心，然后再将学得的应对方式应用到实际生活情境中。通过训练，当事人不仅降低了焦虑程度，而且发展了应对实际生活的能力。

（三）改善学生认知的方法

心理学家艾里斯曾提出理性情绪辅导方法，他认为人的情绪是由本身的思想决定的，合理的观念导致健康的情绪，不合理的观念导致负向的、不稳定的情绪。人有许多非理性的观念，如我"必须"成功，并得到他人赞同；别人"必须"对我关怀和体贴；事情"应该"做得尽善尽美；课堂上回答问题有错误是很糟糕的事；等等。他提出了一个解释人的行为的 ABC 理论：

A. 个体遇到的主要事实、行为、事件。

B. 个体对 A 的信念、观点。

C. 事件造成的情绪结果。

我们的情绪反应 C 是由 B（我们的信念）直接决定的。可是许多人只注意到 A 与 C 的关系，而忽略了 C 是由 B 造成的。B 如果是一个非理性的观念，就会造成负向情绪。若要改善情绪状态，必须驳斥（D）非理性信念 B，建立新观念并获得正向的情绪效果（E）。这就是艾里斯理性情绪治疗的 ABCDE 步骤。理性情绪治疗是一项具有浓厚教育色彩的心理治疗法。中国台湾的学者在此基础上编拟了"理性情绪教育课程"，该课程首先让学生分辨理性观念与非理性观念，然后试图驳斥非理性观念。

第三章 小学教育的实施者

第一节 教师职业

一、教师概念

"教师"概念与教育、教师职业的发展密切相连。在原始社会，部落首领和具有丰富生产生活经验的长者是最早的兼职教师，承担着向年青一代传授知识、技能和风俗习惯的任务。把古代智者对教师的描述与现代社会人们对教师的理解结合起来，可以对教师做两个层面的解释。正如孔子所云"三人行，必有我师"，日常生活中人们常把人格高尚、有威望、有学识的"能者"当作自己的老师。《辞海》中对"教师"一词这样解释：教师，在学校中担任教学工作的人员。广义的教师是指有威望的、明智的、对人们有巨大影响的人；狭义的教师是指受过专门教育和训练，并在学校中担任教育、教学工作的人。《中华人民共和国教师法》第一章第三条也对教师的概念做了如下界定：教师是履行教育教学职责的专业人员，承担教书育人，培养社会主义事业建设者和接班人、提高民族素质的使命。教育学研究领域中所指的教师一般是狭义的教师，即履行教育教学职责的专业人员。

在很长一段历史时期内，小学教师的社会地位很低，报酬也极其微薄。对小学教师的学识要求低，一般都是由其他社会职业和身份的人兼任，缺乏职业的独立性。

二、教师劳动的特点

由于教师劳动的对象、目的和手段与其他职业相比有很大差异，所以形成了其独有的特点。而教师劳动的特点是教师职业活动过程中形成的，很大程度上反映了教师职业的特点。

（一）劳动的复杂性

教师劳动的复杂性主要体现在教师劳动对象、劳动目的、劳动方式等几个方面。

首先，教师的劳动对象是发展中的人，是有意识、有感情、有理智、有个性的独立个体，他们来自不同的家庭环境，拥有不同的文化背景，具有不同的生理特点和个性差异。劳动对象的复杂性决定了教师在教育教学工作中要充分考虑学生的差异性，根据不同学生的特点因材施教。

其次，教师的劳动目的也是复杂的。教师劳动的最终目的是促进人的全面发展，而为达到这一目标，必须实现多个领域的分目标。教师要向学生传授科学文化知识和技能，培养学生良好的道德品质、养成优良的行为习惯，通过多种途径促进学生品德、智力、体力及其他方面的全面发展。

最后，教师的劳动方式也是复杂的。教师劳动方式是个体的，但劳动成果却是集体的。教师在教育教学的具体工作中，是以个体形式独立完成的，依靠个人的知识和才能。但促进学生的身心发展，不是一位教师的个体劳动能够完成的，而是学校和教师集体劳动的结晶。所以说，教师的劳动是通过个体劳动的形式体现集体创造的结果。

另外，学校教育能够促进人的发展，社会和家庭的教育作用同样不可忽视。教师要想实现劳动目的，就必须协调好社会、家庭和学校之间的各种关系，形成较为一致的教育合力，避免不利因素对学生的影响，营造学生发展的最佳环境。

（二）劳动的创造性

由于受教育对象的特殊性和教育情境的复杂性等因素的影响，教师劳动比其他劳动表现出更加明显的创造性。叶澜老师曾经这样说过："正是对教师培养具有创造精神和能力的人的要求和对教师工作中创造性的要求，使我们找到了教师职业对于社会而言的外在价值与对于从业者教师而言的内在生命价值之间统一的基点，找到了教师可能从工作中获得外在与内在相统一的尊严与欢乐的源泉，那就是两个赫然的大字——创造！"它揭示了教师职业未来的重要品质。教师劳动的创造性表现在对教学内容的加工和处理、对教育教学方法的选择和运用以及处理教育教学偶发事件的教育机智等方面。

首先，教师要实现教育教学目标，使学生掌握所学内容就必须对教学内容进行创造性的加工和处理。根据学生原有的知识基础建构新的知识体系，通过启发和引导，使教学内容转化为学生能够接受和掌握的形式加以吸收。

其次，小学教师需要创造性地选择和运用教育教学方法以增强教育效果。教师劳动的对象是具有主观能动性的、不断变化发展的个体，教育对象的复杂性和变化性，决定了教师的劳动不可能按照固定不变的规范和程序来实施。

最后，在面对偶发事件中体现的教育机智也是小学教师劳动创造性的表现。教师要善于捕捉千变万化的教育情境中的教育机会，随机应变，对突发情况快速做出反应，及时采取措施，将其转化为有利的教育因素，向积极方面进行引导。劳动的创造性表现在教育过程中对教学内容的处理、教学方法的选择运用。

（三）劳动的示范性

教育是培养人的活动。教师劳动与其他劳动的最大区别在于，教师本人既是劳动主体，又是劳动手段。第斯多惠说过，"教师本人是学校里最重要的师表，是最直观的最有教益的模范，是学生最活生生的榜样"。任何一位教师，不管他是否意识到这一点，不管他是自觉还是不自觉，他都在对学生进行示范。教师首先是劳动者，通过备课、上课、课外辅导和作业批改等劳动，使学生获得知识和能力。同时，教师又是劳动的手段。教师将自己的思想、学识、品行通过言传身教的方式直接影响劳动对象，获得教育力量。由于青少年学生具有很强的向师性和模仿性，他们对教师有一种信任、依恋的情感，不管是教师的人格、学识、行为方式还是思维方式，都会成为学生学习的榜样，对学生起着示范作用。在天真的孩子眼里，教师具有某种权威性，甚至以为"老师说的"都是对的，对老师的信任超出父母、兄长、朋友。因此，教师一定要严于律己，不断提高自身修养，不管是在教学工作还是思想教育工作中，要求学生做到的首先自己要做到，言行一致，才能以身示范，发挥积极的教育作用。

（四）劳动的长期性

小学教师的劳动具有长期性的特点，主要原因在于：首先，小学教师的劳动对象是人，是尚未发展成熟的青少年儿童，教师劳动的成果应该是人的成长或精神生命的变化。而人的培养周期长，见效慢，很难短期内看到成果。人们常用"十年树木，百年树人"来形容教师劳动的长期性。一个人的培养，往往需要经过各级各类学校教师的长期努力，这个过程可能需要十几年甚至更长时间。在这期间，学生每一点知识技能的增长、品行的进步、体质的增强无不包含着教师反反复复、耐心细致的工作。其次，小学教师对学生的影响具有长效性。教师对学生的影响不会随着学生一个阶段学业的结束而消失，而是会在学生未来的成长中沉淀下来，潜移默化地发挥着作用。小学教师为学生在德智体等方面打下的良好基础，往往会影响学生一生，成为其终身受益的宝贵财富。从这一点上来讲，小学教师劳动的影响也具有长期性。

认识到教师劳动的长期性，意味着小学教师必须力戒短期行为或只从眼前出发，而要着眼于未来，着眼于学生长期的发展，为学生的终身发展打好基础。学校对班级和教师的考核也要戒除单纯使用考试分数加以评定的方式，把学生的现实表现和潜在的能力结合起来，给师生留有充足的发展空间。

此外，教师劳动还有劳动时间、连续性、空间广延性的特点。在时间上，教师的劳动具有连续性，不存在截然分割的上下班界限。尽管教师每天在课堂上授课的时间是明确的，但除此之外还要花费大量时间备课、批改作业、答疑解惑，往往上班时间不能完成，还要延续到下班之后。在空间上，教师没有限定的工作区域，教室内外、校园内外，只要是学生学习和活动的场所都是教师的工作地点。

三、教师的地位和作用

（一）教师的社会作用

教师职业的社会地位与人们对教育功能的认识密切相关，一定程度上体现出教师对社会的贡献和作用。

1. 教师在人类社会发展的历史上担负着传递人类文化的重要职能

"文化"包含着人类创造的所有物质文明和精神文明成果，是人类进步和延续的前提和基础。教师作为社会中拥有较多文化知识的群体，他们闻道在先，同时掌握一定的教育教学方法，能够高效地将人类文明中的精髓传递给下一代。年青一代如何获取人类历史发展进程中所形成的文化，并根据新时代的发展需要进行深化和更新，所有这些活动都离不开教师独特的职业劳动。乌申斯基就曾这样说过："教师是克服人类无知和恶习的大机构中的活跃而积极的成员，是历史上所有高尚而伟大的人物和新一代之间的中间人，是人类过去和未来之间的一个活的环节。"

2. 教师职业承担着文化传递与创造的重大任务，具有为社会培养现实生产力的作用

在现代社会中，生产的竞争就是科技的竞争，科技的竞争就是人才的竞争。今天的教育，就是明天的科技和生产力。社会物质财富的多寡与科学技术的发展快慢成正比，劳动生产率同劳动者的受教育程度成正比，而科学技术的发展、劳动者受教育程度的提高，都直接与教师劳动相关。教师在最短的时间内，用最快捷有效的方法促进新一代的全面发展，使之由潜在劳动力发展为现实劳动力，从而实现了社会的延续和进步。

在人才培养的过程中，教师通过知识技能的传授促进学生的心智发展，培养其科学的世界观、人生观和价值观，形成其为社会发展、人类进步而努力学习和工作的使命感与责任感。因此，教师不仅要教书，还要育人。教师良好的精神风貌、高尚的道德品质不仅潜移默化地影响着学生的行为和态度，还对形成良好的社会风气具有促进作用。

可以说，无论是在文化的传承、传播和创造上，还是在人才培养上，教师职业的社会作用不可取代，教师劳动理应受到全社会的尊重与认可。

（二）教师的社会地位

教师的社会地位是指教师职业在整个社会职业体系中所处的位置，可以从教师的经济地位、专业地位、职业地位等方面来认识教师的社会地位。

1. 经济地位

教师的经济地位主要是指教师职业的工资收入及其他福利待遇，是教师劳动价值的

表现形式之一。经济待遇决定了教师职业是否具有吸引力，能否吸引高素质人才，保障教师队伍的稳定性等。教师的经济待遇在不同国家处境有所不同。如《中华人民共和国教师法》中规定教师的工资应当不低于国家公务人员，从法律层面保障教师的收入。但就实际情况而言，教师职业从事的是复杂劳动，具有较高的社会价值，而教师的经济待遇与其他专业技术人员相比尚未达到理想状态。

2. 专业地位

教师的专业地位是教师所处社会地位的内在标准，主要可以通过从业标准加以体现。有人认为教师职业不能完全与医生、律师等专业人员相提并论，因为教师须具备的从业标准不够高，只能作为"半专业"或"准专业"。尤其是小学教师，由于知识传授上的基础性，被很多人认为是非常简单的、不需要经过专业学习即能胜任的职业。古代小学教师社会地位不高的重要原因就是缺少确定的标准。新中国成立后的相当长时间内，我国师资极度紧缺，教师队伍把关不严，造成教师的社会地位受到严重影响。随着教师资格证书制度的实施以及各类教师专业标准的出台，国家对教师职业的从业标准已经有了明确的要求，提高教师从业标准成为保障教师的专业地位的有力措施。

3. 职业地位

教师的职业地位是指人们对教师职业有力的评价和承认，大多从职业声望的角度加以说明。教师一向被社会公认为最佳形象，享有较高的职业声望。但这往往只反映一般人对于传统价值观念的向往，并不能说明社会的实际行为，当教师的经济待遇和其他权益得不到有效保障时，教师职业的高声望与人们的实际选择容易形成明显的反差。

第二节 小学教师的责任与价值

一、小学教师的角色

小学教师在儿童学习和成长之初担负着启蒙和引导的作用，犹如培育祖国花朵的园丁，扶助着幼苗茁壮成长。国内学者普遍认为，教师角色是一个复杂的角色，可以分为两个方面：一是作为普通人，教师有自身的情感需求和自我发展的需要，在家庭、社会生活中具有多重角色；二是作为教育者，教师身上也承载着多重角色。教师角色是普通人和教育者这两类角色的复合体。仅从专业教育者的角度去考察，在现代教育中，小学教师也不再单纯是"教书匠"，只承担知识传授的任务，而是担负起为社会培养全面发展的创新人才的多重社会角色。

（一）心智开发的启蒙者

小学是学校教育的开端。小学生基本上处于6~12岁的年龄阶段，儿童的心智成长处于关键时期，在一生的发展中是最重要的奠基阶段。从进入小学后，学习成为他们的主要活动任务和形式，也是儿童获得心智发展的重要通道。儿童对于"什么是学习""为什么要学习""如何学习"的问题还处于混沌状态，教师耐心的启发和引导、循循善诱的教育和得法的训练能够帮助学生保持学习兴趣、掌握学习技能、形成学习习惯。可以说，小学教师是儿童学习的引路人和启蒙者，为儿童日后的全面发展打下基础。这是小学教师首要的和最突出的角色特点。

（二）学习的促进者

在基础教育课程改革中，以往"师—生"单向的信息传递方式远不能适应信息社会对基础教育提出的要求。小学生获取信息的通道多元化，不再局限于书本、课堂和教师，教会小学生自主获取信息、自由探究科学及合作获得发展，成为新时代赋予小学教师的任务。通过师生民主平等的对话、合作，实现双方的共同成长越来越成为大家的共识。小学教师角色也由过去的知识传授者转变为学习的促进者。这是现代小学教师最富时代特色的角色特征。

（三）全面发展的引导者

小学教师在对学生的教育中不仅要关注学习问题，促进其心智发展，还要为小学生的全面发展做好引导，引导小学生形成良好的行为规范和道德品质，维护小学生的身心健康发展，帮助他们形成健康积极的世界观、人生观和价值观。

首先，小学阶段是儿童学习社会规范、形成良好道德品质的重要时期。学校、家庭和社会要发挥教育合力共同对学生进行教育。而小学教师既是协调各方力量的重要中介，又是最有效的教育途径。教师本人言行的示范对小学生学习道德规范具有重要作用，同时在日常学习指导和班级管理工作中采取合理有效的教育手段和方法，同样能有针对性地对小学生进行道德教育。教师一定要遵循小学生思想道德发展的规律，同时充分考虑学生发展的个体性和差异性，给学生充分的发展空间，使其形成良好的行为规范。

其次，小学教师还要注意维护小学生的身心健康。一方面，为小学生创设一个健康成长的外部环境，减轻小学生的课业负担，保证小学生有足够的睡眠时间、体育运动时间，保障身体健康。另一方面，营造良好的心理氛围，关注小学生的心理健康。小学教师要关爱和尊重小学生，建立起良好的师生关系，使小学生轻松愉快地学习和生活。另外，小学教师还要学习心理健康知识，为儿童的心理健康提供科学的辅导，能够及时发现和诊断出心理问题，并科学地进行心理教育。

（四）教育教学活动的研究者

现代社会不仅要求小学教师做好教育教学工作，还须具有开展教育研究的能力。"研究者"角色能够针对性地解决小学教育中不断涌现的问题和困惑，对提高教育教学水平，促进小学教师的专业发展具有直接作用。教师的专业特性在很大程度上表现为一种对教育情境、教育过程和教育结果的深刻理解与把握，这种理解与把握最可靠的源泉就是研究。教师是以教育作为其专业领域，而不是以所任教学科作为专业领域的，这样他所关注的就是如何培养完整的人，而不是以传授某一门学科知识作为终极目标。作为教师，必须既要知道"教什么"，又要知道"怎么教"。作为研究者，应关注具体的教学情境，把教育理论应用于教学实践。在实践中加以反思，成为"反思性实践者"。在行动中进行研究能够消除理论与实践的分离，不断进行自我审视，调整和改进教学方法，获得实践智慧，探寻教学活动的规律。

二、小学教师的责任

（一）教书育人

教书育人是教师的基本责任。有目的、有计划地培养社会所需人才是教育区别于其他社会领域的根本特征。人才的培养离不开教师，教师职业正是通过教书育人来履行职责的。学校对学生的培养主要通过各门学科的教学体现出来，因此小学教师的首要任务就是做好教学工作，提高教学质量。小学教师通过承担学科教学工作，向学生系统传授科学文化知识，促使其形成基础知识和基本技能，为今后的升学和就业打下基础。在传授知识、培养技能的同时，小学教师还担负着引导学生树立科学的世界观、人生观、价值观，指导学生有效学习的方法，营造良好的学习氛围，促进学生健康成长的任务。

然而教书和育人两个方面不是孤立存在的，两个方面反映在同一教育过程之中，两者相互渗透，相互促进。小学教师通过教学工作和其他教育活动使学生获得智力、体力、思想等方面的发展，实现育人目标。尽管在不同社会和时代，对教书育人的目标、内容以及实现途径等理解不尽相同，但小学教师教书育人的基本责任是无法改变的。要处理好教书和育人之间的关系并非易事。在我国应试教育思想的长期影响下，教师重"教书"轻"育人"的现象大量存在。社会、学校、家长衡量一位教师好坏的标准往往就是看学生的考试成绩。基础教育新一轮课程改革进行十余年来，这一矛盾一直是摆在素质教育面前的一大障碍，极大影响我国基础教育的发展。

（二）建立良好的师生关系

建立良好的师生关系，教师是责任主体。著名教育家赞科夫说："我们要努力使学习充满无拘无束的气氛，使儿童和教师在课堂上能够'自由地呼吸'，如果不能造就这样良好的教学气氛，那任何一种教学方法都不可能发挥作用。"良好的师生关系是形成"无拘无束"的教学氛围，激发学生高昂学习情绪，挖掘学生创造潜能的直接因素，它不仅会引起学生对教师的尊重和信任，还会使学生把对教师的爱转移到教师所讲授的学科上来。正如古人所云："亲其师，信其道。"师生关系是在教育过程中，师生双方通过交往和互相影响而形成的一种特殊的人际关系，是教育过程中最基本、最重要的人际关系。良好的师生关系有利于教学任务的完成，有利于学校集体凝聚力的形成，有助于师生心理健康发展。

1. 师生关系的表现形式

师生关系是包含多种内容的复杂的关系体系，具有多种表现形式，如教育关系、心理关系、社会关系等。从教育层面看，师生关系是为完成一定的教育任务而产生的工作关系；从社会组织层面看，师生关系是在一定的组织和制度中结成的角色关系；从心理层面看，师生关系是通过言语与非言语的交流而形成的各种相互认识、期望的情感关系。

教育关系：师生关系是在教育教学过程中，教师和学生为了促进学生的发展，以"教"与"学"为中介而形成的工作关系。这种工作关系是教师和学生在教育教学活动中为促进学生的整体发展而结成的教育与被教育、引导与被引导、组织与被组织的关系；是师生关系中的主体。教育关系取决于教师和学生在教育与教学中所处的地位，具有法定的稳定不变的性质。

社会关系：师生关系是在一定的社会背景下产生的，其性质是由社会的整体性质来规约的，具体来说，教师的教育和学生的发展不能离开一定的社会需要。教师作为社会的代表，与作为未成年社会成员代表的学生在教育教学过程中结成的代际关系、政治关系、道德关系和法律关系，是人与人的各种社会关系在教育教学中的反映。而这种社会关系是以年青一代成长为主要目标的。

心理关系：师生之间不仅有正式的教育关系，还有因情感的交往和交流而形成的心理关系。心理关系是师生为完成共同的教学任务而产生的心理交往和情感交流，这种关系能把师生双方联结在一定的情感氛围和体验中，实现情感信息的传递和交流。教育教学活动本身就是师生互动的过程，情感交流和心理交往贯穿整个过程。良好的心理关系能增进教育教学活动效果；同样顺畅的教育教学过程和良好的结果，亦会增进师生情感。所以加强师生之间的相互理解和沟通，直接关系到学生的学和教师的教，甚至会对学生世界观、价值观的形成产生很大的影响。优化师生心理关系是师生关系改革的现实要求。

在师生关系的表现形式中，教育关系是基本关系，其他关系皆服务于这一关系。社会关系是一种背景关系，是教师和学生作为社会公认的身份和角色在教育和教学中的直接反映，具有规范性、稳定性的特点，常以比较强硬的方式投射到师生之间。心理关系是教育关系的基础和深化，常以内隐、感性的方式反映社会关系并直接影响教育关系。

2. 良好师生关系的特征

民主平等：师生在政治上、人格上和真理面前是平等的、相互尊重的关系。这种关系是指既要相信学生、尊重学生，又能以平等的态度共同学习和探讨真理，自觉修正错误。

尊师爱生：学生要尊敬教师，尊重教师的人格、劳动，接受教师的教导和帮助；教师要全面关心爱护全体学生，包括后进生，公平公正地对待学生，处理好"严"与"爱"之间的关系，让学生了解和感受教师之爱。

教学相长：教师和学生是教育教学活动的双主体，教师是教育的主体，要充分发挥其主导作用，把握教育方向、教学内容和方法，在传授知识技能的同时开发学生的智力，培养学生良好的道德品质，促进其全面发展。学生是发展的主体，要主动探索、勤于思考、敢于质疑，主动向教师提供反馈信息。在师生双边活动中，学生可以从教师的引导中获得发展，教师亦可在学生的推动下得到不断发展和提升。教师要虚心向学生学习，听取学生的意见和要求，在相互学习和促进中取得共同进步。

3. 良好师生关系的建立

良好师生关系是在教育过程中逐步建立起来的，需要教师、学生以及学校、家庭等共同努力。由于小学生具有极强的向师性，而教师又在教育过程中居于主导地位，所以在建立良好师生关系的过程中，教师要承担起主要责任。

首先，教师要树立正确的学生观，热爱和理解学生。

学生观是教师对学生的基本看法，直接影响教师对学生的认识、态度及行为。以赫尔巴特为代表的传统学生观认为"学生对教师须保持一种被动的状态"，学生是教师塑造与控制的对象，这种观念使得学生在教育过程中处于边缘地位。而现代学生观认为，教育过程是儿童自身主动发展的过程。正确的学生观来自教师对学生的观察和了解，来自教师向学生的学习和对自我的反思。要建立起良好的师生关系，教师要走进学生的内心，真诚地关爱学生，尊重学生，深入了解学生，真正从学生的角度思考教育问题。

其次，教师要以身作则，提高自身修养。

教师的素质是影响师生关系的核心因素。教师的师德修养、知识能力、个性心理等无不对学生发生深刻的影响。知识渊博、性格开朗、谈吐幽默、气质优雅的教师对学生具有强烈的吸引力，容易与学生建立良好的关系。因此教师需要不断提高自己的专业素质、心理素质，注意自身的言谈举止，做到为人师表。

最后，耐心做好各方面的教育工作。

小学生身心各方面不够成熟，具有较大的发展潜力，但是在教育工作中也容易出现反复。教师在教育工作中一定要有足够的耐心、信心和恒心，能够深入细致地开展工作，准确把握问题的真相，克服不良的心理偏见和刻板印象，积极促进学生的进步。另外，教育工作还需要学校、家庭和社会的共同作用，而教师是统筹多种教育力量的最佳人选。教师要努力做好各方力量的协调工作，争取为学生创设良好的发展环境。

第三节 小学教师的专业发展

一、教师的专业发展

（一）教师专业发展的背景

社会职业是劳动分工的产物，可以分为普通职业和专门职业。"专门职业"即"专业"，指通过特殊的教育或训练，掌握了业经证实的认识（科学或高深的知识），具有一定的基础理论的特殊技能，从事具体的服务工作，可以为全社会利益效力的职业。"普通职业"则无须接受长期的专业训练，无须具备特殊的理论和技能，只需要积累一定的个人体验和工作经历，按规程开展工作即可，工作仅仅是谋生手段。

社会学家利伯曼定义的"专业"概念，指出了所谓"专业"应当满足如下的基本条件：①范围明确，垄断地从事着社会不可缺少的工作；②运用高度的理智性技术；③需要长期的专业教育；④从事者无论个人、集体均具有广泛的自律性；⑤专业的自律性范围内，直接负有做出判断、采取行为的责任；⑥非营利性，以服务为动机；⑦形成了综合性的自治组织；⑧拥有应用方式具体化的伦理纲领。

关于教师是否为专门职业一直存在较多争议。直到国际劳工组织和联合国教科文组织在《关于教师地位的建议》中强调教师的专业性质，并首次以官方文件形式对教师专业做出了明确说明，提出"应把教育工作视为专门的职业，这种职业要求教师严格地、持续地学习，获得并保持专门的知识和特别的技术""教学应被视为专业"的重要论断。由此，在全球范围内，拉开了教师专业化运动的序幕。20世纪80年代后，人们对过去忽视教师专业发展和教学技能提高的做法给予了强烈的批评，教师专业化目标的重心开始转向教师的专业发展。20世纪末，联合国教科文组织召开的第45届国际教育大会强调指出："在提高教师地位的整体政策中，专业化是最有前途的中长期策略。"围绕教师专业发展的一系列研究和改革在世界范围内展开。

我国教师专业化问题的提出相对晚于发达国家。20世纪80年代，国家统计局和国家标准局发布的《中华人民共和国国家标准职业分类与代码》，将教师归为"各类专业、技术人员"这一大类。教师被确定为"专业人员"是对教师职业专业性的基本肯定。

（二）教师专业发展的内涵

教师专业发展是指教师个体在整个专业生涯中，通过终身专业学习，在专业知识、专业能力、专业心理品质等方面由不成熟到成熟的发展过程，在这个过程中教师逐步提高从教素质，由一位专业新手发展成为专家型教师。

教师专业发展具体包括以下几个方面的内容：

专业知识的拓展。教师专业知识是教师职业区别于其他职业的理论体系和经验系统。教师专业知识的拓展包括量的拓展、质的深化和结构优化三个方面。量的拓展要求教师不断学习，扩充知识范围；质的深化要求教师不断加深对知识的理解，进而达到批判和创新的境界；结构的优化则要求教师以广博的文化基础知识为背景，精深的学科知识为主干，相关学科知识为补充，教育学和心理学知识为手段的复合性知识结构。

专业能力的发展。教师的专业能力一般指的是教育教学能力，即保证教师在教育教学活动中顺利完成任务的本领。教师专业能力是衡量教师专业性的核心要素。教师专业能力发展是一个连续的发展过程，各种能力发展的速度有快有慢。

专业心理品质的发展。包括教师专业理想的树立、专业情操的养成、专业性向的调适和专业自我的建立等。教师专业心理品质的发展对拓展专业知识、发展专业能力都具有巨大的精神推动作用，是影响教师工作态度和行为方式的主要因素，而且直接影响教育教学效果。从一份"理想教师特质"的调查中可以看出小学生对教师的专业心理品质的要求是非常高的。在十项理想教师特质中除了"教学方法灵活""作业适度""普通话标准"是对教师专业能力的要求，其他项都与教师的心理品质密切相关。

二、小学教师的专业素养

教师专业素养是教师从事教育教学工作必备的基本知识、能力、理念等。作为专门职业，需要经过严格的培养与培训，掌握系统的专业知识、技能和理念。小学教师是履行小学教育工作职责的专业人员，我国《小学教师专业标准（试行）》（以下简称《专业标准》）的出台，从专业理念与师德、专业知识、专业能力3个维度、13个领域提出了60条基本要求。《专业标准》是国家对合格小学教师专业素质的基本要求，是小学教师实施教育教学活动的基本规范，是引领小学教师专业发展的基本准则，是小学教师培养、准入、培训、考核等工作的重要依据。

（一）专业理念与师德

专业理念是教师通过教育理论学习和教育教学实践，形成对教育对象、内容、过程、结果、质量等以及对自己所从事的职业的理性认识和信念。它是教师专业行为的理性支点，是专业人员与非专业人员的重要差别，是未来教师专业素养不同于以往对教师要求的重要方面。专业理念不仅是一种认识，同时具有情感性和评价性，对教师的教育行为具有促进或抑制的动力功能。培养教师与时代精神相通的先进的专业理念，是教师教育和教师专业发展的重要任务。要成为合格的小学教师，必须首先确立小学教师专业理念，坚持师德为先、学生为本、能力为重、终身学习的基本原则，具体包括以下几方面：

（1）职业理解与认识

这一领域对小学教师提出五条具体要求，其核心是要求小学教师能够贯彻党和国家教育方针政策，懂得小学教育的专业属性，认识小学教师职业的独特性，能够为人师表，具有合作精神。

（2）对小学生的态度与行为

这一领域中提出的四条要求是从关爱小学生，尊重信任小学生，为小学生创造快乐的学校生活条件三个方面来加以理解。其中专门提出"将保护小学生生命安全放在首位"，展现出当代小学教育的应然状态。而在这方面，"最美女教师"张丽莉舍身救学生的英雄事迹，为教师关爱学生生命做出了最好的榜样。

（3）教育教学的态度与行为

这一领域从五个方面对小学教师的教育教学的态度和行为提出要求。要求小学教师提高对素质教育的认识，德育为先，引导小学生全面发展；育人为本，为每一个小学生提供适合的教育；重视教育教学质量的提升；培养良好的行为习惯，引导小学生学会学习；尊重和发挥少先队组织的教育引导作用。

（4）个人修养与行为

这一领域从品质、性格、心理、文明四个方面对小学教师提出要求。具体要求：小学教师富有爱心、责任心、耐心和细心，勤于学习，不断进取；乐观向上、热情开朗、有亲和力；善于自我调节情绪，保持平和心态；衣着整洁得体，语言规范健康，举止文明礼貌。

教师职业道德是教师在从事教育劳动过程中形成的比较稳定的道德观念、行为规范和道德品质的总和。它是教师从事教育教学工作的行为规范和准则，是教师专业发展的基础，是教师素养中最重要的内容。由于教师职业的特殊性，教师职业道德必须建立在教师作为一个"普通人"高尚的社会公德之上。教师职业道德的重要方面是为人师表。教师自己良好的思想品德、人格精神，对于学生具有巨大的教育力量，也是教育工作取得成功的必要条件。同时，建立在教师职业动机基础上的教师事业心，是教师整体素质结构中的核心和关键要素，是教师做好教育工作的根本前提，是教师其他方面素质提高的基础和根本保证，是推动教师具有革新意识和能力的重要动力。

改革开放以来，我国先后三次颁布和修改了《中小学教师职业道德规范》（以下简称《规范》），对教师职业道德的发展起到了积极的推动作用。随着社会的进步和对教育要求的不断提高，原《规范》条款中许多内容不能适应新时代的要求。近年，教育部和教科文卫体工会全国委员会联合修订并颁布实施了新的《中小学教师职业道德规范》。《规范》继承了我国的优秀师德传统，并充分反映了新形势下社会和教育发展对小学教师应有的道德品质和职业行为的基本要求，提出了24个字的6条要求。

（1）爱国守法

教师职业的基本要求。热爱祖国，热爱人民，拥护中国共产党领导，拥护社会主义。

全面贯彻国家教育方针，自觉遵守教育法律法规，依法履行教师职责权利。不得有违背党和国家方针政策的言行。

（2）爱岗敬业

教师职业的本质要求。忠诚于人民教育事业，志存高远，勤恳敬业，甘为人梯，乐于奉献。对工作高度负责，认真备课上课，认真批改作业，认真辅导学生。不得敷衍塞责。

（3）关爱学生

师德的灵魂。关心爱护全体学生，尊重学生人格，平等公正对待学生。对学生严慈相济，做学生良师益友。保护学生安全，关心学生健康，维护学生权益。不讽刺、挖苦、歧视学生，不体罚或变相体罚学生。

（4）教书育人

教师的天职。遵循教育规律，实施素质教育。循循善诱，诲人不倦，因材施教。培养学生良好品行，激发学生创新精神，促进学生全面发展。不以分数作为评价学生的唯一标准。

（5）为人师表

教师职业的内在要求。坚守高尚情操，知荣明耻，严于律己，以身作则。衣着得体，语言规范，举止文明。关心集体，团结协作，尊重同事，尊重家长。作风正派，廉洁奉公。自觉抵制有偿家教，不利用职务之便牟取私利。

（6）终身学习

教师专业发展不竭的动力。崇尚科学精神，树立终身学习理念，拓宽知识视野，更新知识结构。潜心钻研业务，勇于探索创新，不断提高专业素养和教育教学水平。

随后，教育部印发《中小学班主任工作条例》（以下简称《条例》）作为全国中小学班主任工作的指导性文件。《条例》一方面体现了小学班主任在小学生思想道德建设和全面健康成长方面的作用，另一方面体现了班主任在班级中承担着特别的教育职责和组织管理任务。《条例》分7章，共22条，分别对班主任的配备与选聘、职责与任务、待遇与权利、培养与培训、考核与奖惩进行规定。

（1）配备与选聘

对班主任的配备要求、任职条件、岗前培训等做出明确规定。明确要求小学每个班级应当配备一名班主任，规定班主任聘任的条件、对象、聘期等。选聘班主任应当在教师任职条件的基础上突出考查多项条件，包括作风正派，心理健康，为人师表；热爱学生，善于与学生、学生家长及其他任课教师沟通；爱岗敬业，具有较强的教育引导和组织管理能力。

（2）职责与任务

对班主任职责与任务的规定包括学生的思想教育、班级日常管理等方面。具体包括：全面了解班级内每一个学生，关心爱护全体学生，有针对性地进行思想道德教育，促进学生德智体美全面发展；认真做好班级的日常管理工作，进行班集体建设；组织、指导开展多样的班级活动，并做好安全防护工作；组织做好学生的综合素质评价工作；与任课教师、学生家长、社区做好沟通和联系，努力形成教育合力。

（3）待遇与权利

学校在教育管理工作中，应充分发挥班主任的骨干作用，注重听取班主任意见；班主任工作量按当地教师标准课时工作量的一半计入教师基本工作量；班主任津贴纳入绩效工资管理；班主任在日常教育教学管理中，有采取适当方式对学生进行批评教育的权利。

（4）培养与培训

教育行政部门和学校应制订班主任培养培训规划，有组织地开展班主任岗位培训；教师教育机构应承担班主任培训任务，教育硕士专业学位教育中应设立小学班主任工作培养方向。

（5）考核与奖惩

教育行政部门建立科学的班主任工作评价体系和奖惩制度；学校建立班主任工作档案，定期组织对班主任的考核工作。

（二）专业知识

教师的专业知识区别于其他职业的理论体系和经验系统，具有自身的独特性。教师应具备哪些专业知识，目前尚存在一些不同观点。1996 年，在联合国教科文组织国际教育局有关"教师在多变世界中的作用"论坛上，围绕"教师应具备的教学专业知识是什么"这一重要议题展开了广泛讨论。教育学家们认为，教师必须明确以下主题才能解决好教与学的问题：为什么而教？教什么人？在什么地方教？教什么？怎么教？用什么去教？用什么评价和怎样评价？怎样改进教学和学习？这些问题的提出一定程度上反映出教师教学专业知识的内涵。

此后，国内外有关教师专业知识的研究也日益活跃。北京师范大学的林崇德教授等人从认知心理学的角度对教师知识进行研究，分成四个方面内容：本体性知识、条件性知识、实践性知识和文化知识。本体性知识是教师所具有的特定学科知识，是教学活动的实体部分。条件性知识是教师所具有的教育学与心理学知识，是对本体性知识的传承起理论支撑作用的知识，又可分为学生身心发展的知识、教与学的知识和学生成绩评价的知识。实践性知识是教师在教学行为中所具有的课堂情境知识以及与之相关的知识。这种知识是教师教学经验的积累，对本体性知识的传承起到实践性指导作用。文化知识是指为实现教育的文化功能，教师还要有广博的自然科学和社会科学等方面的知识，这样才能引导学生走向美好的未来。

清华大学谢维和教授认为，专业化教师的知识主要包括三类：关于学生的知识，即了解与学生经验和学习能力有关的影响因素，发现学生的特点，掌握学生学习和发展的规律，进而因材施教；关于课程的知识，即掌握所任教专业课程的知识，课程的组织、传递、评价知识，与专业课相关的课程知识，连接课程目标资源与技术的知识；关于教学实践的知识和技术，即设计教学环境、建构教学模式的知识，激励、评价学生的知识，与家长交往的知识等。

在国际教师专业知识研究中，卡内基教学促进基金会主席舒尔曼教授从科学主义知识观出发，在"教师必须知道如何把它所掌握的知识转化为学生能理解的表征形式才能使教学取得成功"的信念下，给出一种包含七个知识类别的教师知识结构模型，即：

1. 学科内容知识

包括具体的概念、规则和原理及其相互之间联系的知识。

2. 一般教学知识

指超越各门具体学科之上的关于课堂管理和组织的一般原理和策略。

3. 课程知识

指对课程、教材概念的演变、发展及应用的整体了解和认识。

4. 学科教学知识

指将所教的学科内容和教育学原理有机融合而成后，对具体问题或论点的组织、表达和调整。

5. 学生及其特征的知识

指学习者在上课前懂些什么、不懂什么，如何深入浅出地使用教学法提高学习者的学习兴趣等。

6. 教育环境的知识

包括班组或课堂的情况、学区的管理和经费分配、社区和文化的特征。

7. 教育的目的与价值知识

指教育的目的、目标与价值以及它们的哲学与历史基础的知识。

关于教师知识的研究成果对于我们思考小学教师的知识结构具有重要的价值。《小学教师专业标准（试行）》对小学教师的知识结构进行如下划分：小学生发展性知识、学科知识、教育教学知识和通识性知识四个部分。

第一部分：小学生发展性知识。

由于小学生年龄小、自我保护意识弱，小学教师要担负起保护小学生健康发展的责任。教师要了解小学生安全防护的知识，了解关于小学生生存、发展和保护的有关法律法规及政策规定，熟悉《未成年人保护法》《预防未成年人犯罪法》，掌握针对小学生可能出现的各种侵犯与伤害行为的预防与应对方法。了解小学生身心发展特点、规律以及学习的特点，掌握促进小学生身心健康发展的策略与方法，指导小学生养成良好行为习惯。能针对幼小衔接、青春期等特殊阶段的特殊问题给予针对性指导，帮助小学生顺利健康成长。

第二部分：学科知识。

学科知识是教师教学活动的基础。一个合格的教师，对于所教学科的专业知识，应当包括三个方面：一是了解多学科知识及其相互联系。小学阶段以综合课程设置为主，虽然教师进行分科教学，但多个学科之间存在密切联系。教师应该对学科知识的相关点、相关性质、逻辑关系有基本理解，有利于对知识在教学和运用时进行必要的综合和拓展。同时由于小学教师角色的复杂性，要求其必须具备多方面的知识方能胜任。二是对该学科的基础知识有着广泛、深刻而准确的理解，熟练掌握学科知识体系、基本思想和方法。三是了解本学科与社会实践、少先队活动的联系。具备这方面的知识有利于小学教师理解学科的实践价值；有利于回到小学生生活之中，在小学生原有的认知起点上教学；还有助于创设贴近生活的教学情境，调动学生的学习积极性；有助于小学生建立知识与生活之间的联系，扩展课程资源。

第三部分：教育教学知识。

教师掌握的知识与一般的学者和科学家所掌握的知识是不同的，教师只有将学科知识"心理学化"，才能便于学生理解和掌握。对这种"心理学化"过程的研究便构成了另一门学问，即教育教学知识，也就是解决教师如何"教"，学生如何"学"的知识。这种知识是教师成功教学的重要保障，是教师工作成为"专业"不可缺少的学科基础。《专业标准》提出教育教学知识包括掌握小学教育教学基本理论，掌握小学生品行养成的特点和规律，掌握不同年龄小学生的认知规律和教育心理学的基本原则和方法，掌握所教学科的课程标准和教学知识四大方面。其中"掌握小学教育教学基本理论"是核心要求，"掌握小学生品行养成的特点和规律，掌握不同年龄小学生的认知规律和教育心理学的基本原则和方法"是前提和基础，"掌握所教学科的课程标准和教学知识"是重点。

第四部分：通识性知识。

教师具有本学科专业以外的广博而丰富的自然科学和人文社会科学知识，能够满足学生的好奇心和求知欲，扩展学生的精神世界，赢得学生的尊重和爱戴，这对于小学教师尤为重要。小学教师要对自然、人文和社会知识有所涉猎，尤其是对中国教育的基本情况有一定了解。小学教师经常要组织小学生开展各类艺术活动，教师要具有相应的艺术欣赏与表现知识，才能为学生做好活动指导。另外，小学教师要具有适应教育内容、教学手段和方法的现代化信息技术知识，以充实和丰富教育内容，扩大学生知识面。

（三）专业能力

作为教师，出色的能力是理所当然的素质要求。这种能力一方面包括一般能力（或称为通用能力），如观察、记忆、思维、想象等认识方面的能力，人际交往、沟通和表达等交际方面的能力；另一方面是教师在教育、教学和研究活动中应当具备的专业能力。这虽然是以前者为基础的，但也有着教师专业的特定要求。

1. 教育教学设计

科学有效的教育教学活动需要精心的设计，需要对资源和程序做出合理安排。这一工作环节直接影响教育教学活动的效果。因此"教育教学设计"能力位于小学教师应具备的各项专业能力之首。小学教师是班级各项活动的策划师，需要具有综合性的活动设计能力，能够合理制订小学生个体与集体的教育教学计划；合理利用教学资源，科学编写教学方案；能够设计主题鲜明、丰富多彩的班级和少先队活动。

2. 组织与实施

组织与实施能力是指教师在实现教育教学目标过程中的运作和解决问题的实践能力，是在教育教学设计的基础上的具体落实。良好的师生关系是教育的巨大力量，是取得教育教学活动效果的前提。小学教师要能够创设适宜的教学情境，根据小学生的反应及时调整教学活动。活动的组织与实施中教师要重视发挥学生的主体作用，善于调动小学生学习积极性，激发学习兴趣，灵活运用多种教学方式。教师良好的基本功也是影响组织与实施的重要因素。小学教师要具备良好的口头语言、肢体语言、书面语言、表达能力以及现代教育技术与学科教学整合能力等。小学教师还要具有灵活的教育机智，能妥善应对突发事件。

3. 激励与评价

激励与评价是小学教师重要的专业能力。激励与评价能力是指教师能依据教育教学目标及评价标准，运用科学的方法和正确的途径，多方面收集事实材料，对学生的日常学习及行为表现等做出较为全面的、体现差异性的、富有激励性的评价，引导学生形成积极的自我评价，并借此不断改善教育教学工作的能力。《专业标准》中主要围绕评价能力提出要求，重视形成性评价和激励性评价，提倡灵活使用多元评价方式，加强评价的促进作用，利用评价结果不断改进教育教学工作。

4. 沟通与合作

小学教师是一个与人打交道的职业，在教育教学工作中是人际交往的主要互动人群。小学教师需要与学生、同事、家长、社会等各方面进行交流，教育教学工作的开展和成效往往依赖于对复杂的人际关系的处理是否得当。因此沟通与合作能力对小学教师来说非常重要。《专业标准》中提出小学教师面对不同交往人群的行为要求。与小学生的交往，强调进行有效沟通；与同事的交往，强调合作和共同发展；与家长的沟通，是促进小学生发展的重要教育因素；还要协助小学与社区建立合作互助的良好关系。

5. 反思与发展

反思与发展是新时代、新背景下对教师的新要求，是在全球教师专业化背景下教师专业发展的内在要求。优秀的教师不但应该有专业理念、师德、专业能力与专业知识，而且必须是终身学习、不断进行自我更新的人。小学教师要能主动收集分析相关信息，不断进行反思，改进教育教学工作；针对教育教学工作中的现实需要与问题，进行探索和研究；同时能制订专业发展规划，不断提高专业素质。

三、小学教师专业发展的途径

（一）教师专业发展的阶段

教师专业发展过程具有多阶段性特征，每一阶段都具有不同专业发展的内涵、要求和特点。国外学者对教师专业发展阶段做了大量研究，如从教师关注角度将职前教师专业发展大致分为四个发展阶段，见表3-1、表3-2。

表 3-1　职前教师专业发展阶段

阶段名称	主要特征
1. 从教前关注阶段	职前阶段的学生只是想象中的教师，仅关注自己
2. 早期求生阶段	学习教师主要关注的是自我胜任能力以及作为一个教师如何"幸存"下来，关注对课堂控制、是否被学生喜欢和他人对自己教学的评价
3. 关注教学情境阶段	教师主要关心在目前教学情境对教学方法和材料等限制下如何正常地完成教学任务，以及如何掌握相应的教学技能
4. 关注学生阶段	教师开始把学生作为关注核心，关注他们的学习、社会和情感需要，以及如何通过教学更好地影响他们的成绩和表现

表 3-2　"自我更新"取向教师专业发展阶段及其特征

阶段名称	主要特征
1. "非关注"阶段	无意识中以非教师职业定向的形式形成了较固定的教育信念，具备了一些"直觉式"的"前科学"知识与教师专业能力密切相关的一般能力
2. "虚拟关注"阶段	对合格教师的要求开始思考，在虚拟的教学环境中获得某些经验，对教育理论及教师技能进行学习和训练，有了对自我专业发展反思的萌芽
3. "生存关注"阶段	在"现实的冲击"下，产生了强烈的自我专业发展的忧患意识，特别关注专业活动中的"生存"技能，专业发展集中在专业态度和动机方面
4. "任务关注"阶段	随着教学基本"生存"知识、技能的掌握，自信心日益增强，由关注自我的生存转到更多地关注教学，由关注"我能行吗"转到关注"我怎样才能行"
5. "自我更新关注"阶段	不再受外部评价或职业升迁的牵制，自觉依照教师发展的一般路线和自己目前的发展条件，有意识地自我规划，以谋求最大限度的自我发展，关注学生的整体发展，积累了比较科学的个人实践知识

尽管中外研究者们从不同的角度出发，划分出不同的教师专业发展阶段，但通过比较分析，可以总结出其中的一些共性因素。小学教师专业发展一般要经历职前教育时期和职后持续发展时期，在这两个时期中有以下几个不同阶段：

职前教育阶段：主要指师范生的职前教师教育时期和愿意从事教育工作的其他人员按照教师入职标准进行学习、训练，参加各类培训和考试的时期。这一阶段为正式进入教师职业做了必要的知识和能力的准备与铺垫，处于对教师职业的虚拟关注阶段。

入职适应阶段：主要指刚入职最初的几年。教师刚刚实现由学习者到教育者的角色转换，正在逐渐适应工作环境和工作要求，在实践中学习独立承担教育教学任务，往往会出现焦虑、不自信和茫然的心态，需要获得其他教师的支持和帮助。

快速提升阶段：教师从适应工作到开始逐步体验到较强的自我效能感的时期。这一时期教师已经熟悉工作内容，胜任工作的自信心增强，教师自主性和专业发展动机增强，积极主动地参与各类教育教学活动，与学生能较好地互动和沟通。

能力蓄积阶段：积累了一定的教育教学经验，对日常工作的处理已非常熟练，教师职业发展速度放慢，逐渐形成了自己的教育教学风格，同时陷入一些思维定式和习惯中。这个时期教师的进步和发展不明显，以积蓄力量为主。

成熟与平静阶段：度过职业发展的高原期后，又迎来第二个快速上升的时期，能够体验到自我价值实现的乐趣，各方面能力趋于成熟。

衰退阶段：随着年龄的增长，体力和精力逐步开始走下坡路，即将退出教师职业。这一时期教师重点做好年轻教师的培养，把自己的经验与成果传授给接班人。

但需要注意的是，每一位教师所经历的专业发展阶段并不是相同的。尤其是在经历了职业高原期后，部分教师产生了强烈的职业倦怠，从而停滞不前，也就无法进入成熟与平静时期，体验自我价值实现的乐趣。

（二）教师专业发展的必经之路

教师专业发展途径主要包括职前教育、新教师的入职辅导、教师的在职培训和教师自我教育。

1. 职前教育

职前教育是教师专业发展的起点和基础，它是建立在教师的专业特性之上，为培养教师专业人才服务的。尽管我国教师教育体系开放后，师范院校不再是培养基础教育师资的唯一途径，但至今仍是教师培养的主力军。师范院校必须强化其教师教育的职能，把学术性、师范性和服务性结合起来，注重教师专业信念体系的形成和敬业精神的培养，建构反映教师专业所需要的知识和技能的课程体系，加强教育理论与实践的联系，引导学生走进教师职业。有从教意愿的非师范生则应自觉学习教师教育专业课程，并有意识地进行实践能力锻炼，通过参加教师资格考试取得教师资格，为专业发展打下坚实的基础。

2. 新教师的入职辅导

新教师的入职辅导是 20 世纪 70 年代发展起来并被人们所广泛接受的一种促进教师专业发展的指导措施。新教师一般是完成了职前系统课程学习，已获得教师资格的前提下进入教育教学工作岗位。他们缺乏的是实践性知识的积累，在角色转换上需要有一个适应时期，因此迫切渴望有经验教师的指导与引路。一般情况下，学校对新教师的入职辅导有一个系统的计划和安排，有条件的学校内部往往以"青蓝工程""一对一"结对子帮扶等固定形式为新教师指定专门的导师。此外，师范院校或教师进修学校也承担部分短期的系统培训工作，向新教师提供帮助，使之尽快适应角色转变，走上专业发展的良性轨道。

3. 在职培训

为了适应基础教育课程改革的需要，为在职教师提供不间断的继续教育，教师在职培训一直是教师专业发展的重要途径。教师可以通过业余进修、统一培训或校本培训、教育研究等多种活动获得学习和培训的机会。小学教师在职培训形式多样，有理论学习、实践锻炼以及反思探究等。通过不同方式的培训促进教师不断更新教育理念，提高解决教育问题的意识和能力，掌握现代教育技术和手段。

4. 终身学习

从 1965 年保罗·朗格朗正式提出"终身教育"至今，世界各国对终身教育思想的认同在不断增强。信息增长促成了全球性文明的产生和发展，增进了国际间的合作与了解，同时要求人们不断接受教育训练，培养吸收和利用信息的能力，特别是养成批判能力和选择能力，以真正使日益增多的信息发挥建设性作用。社会的迅速发展、课程改革的推进和学生的发展需要教师终身学习才能从容应对。要实现这一目标，教师要做学生和社会成员的表率，具备终身学习的素质，成为终身学习者。教师专业素质的发展，如专业伦理素质的提高、专业理念素质的更新、专业教学素质的发展、专业管理素质的提高和专业心理素质的完善都离不开学习。学习的方式有系统地自我反思、主动收集教改信息、研究教育教学中的各种关键事件、自学现代教育教学理论、积极感受教学的成功与失败等。学习的过程是专业化的自我建构，是教师个体专业化发展的最直接最普遍的途径。

第四章 小学课堂教学管理

第一节 教学设计的基本内容

课堂教学设计艺术是指教师在备课时，科学地运用系统方法，分析教学问题，确定教学目标，设计解决问题的步骤，选择相应的教学策略，分析评价教学效率，最终达到最优化的教学效果的过程。

一般来说，教学设计的内容主要包括以下几个方面：教学目标设计，根据学生现实发展水平确定教学起点设计，教学内容设计，教学时间设计，教学措施设计，教学评价设计。

一、教学目标设计

（一）设计教学目标的意义

教学目标是教学活动的出发点和归宿，是课堂教学的灵魂。因此，确定教学目标是教学设计中最先要考虑的问题。设计教学目标的意义主要表现为以下几个方面：

教学目标是教师选择教学内容，运用教学方法、教学策略、教学媒体以及调控教学环境的基本依据。教学目标规定着教学活动的方向、进程和预期结果，或者说，它具体指引着教学活动往哪里走，只有知道了往哪里走之后，才能选择适当的内容、方法来达成预期目标。如缺乏清晰的目标，教学将失去导向，只能盲目进行。因此，设计教学的第一步即在确定明确的教学目标。

教学目标是评价教学效果的基本依据。教学目标具有重要的评价功能，由于它具体规定着教学活动的预期结果和质量要求，因而在检验、评价教学效果时必须从目标出发，以教学目标为基本的评价尺度。缺少教学目标或教学目标不明确，都会给教学评价工作带来困难。从这个意义上讲，设计明确的教学目标也是由教学评价工作的需要所决定的。

教学目标是学习者自我激励、自我评估、自我调控的重要手段。由于教学目标能提供给学生一个明确的方向，使学生明确了通过学习要达到的具体目标，因而在学习过程中它可以有效激发学生学习的内部动力，增强学习的兴趣，帮助学生根据目标指引的方向不断调整学习方式，积极克服困难，为达成预定的学习目标而努力。

由此看来，教学目标在教学活动中发挥着指向、评价和激励等多方面作用。在教学设计中科学、合理地确定好具体的教学目标，对于保证教学活动的顺利进行具有十分重要的作用。

（二）设计教学目标的步骤

1. 钻研教学大纲，分析教材内容

教学大纲是以纲要形式编定的有关学科教学内容及进程的指导性文件，它规定着某一学科的教学目的、教学任务、教学内容的知识范围、教学的时间分配以及教学法上的要求等，而教材则是教学大纲的进一步丰富和具体化。教学目标不是任意确定的，目标的设计必须首先立足于对大纲和教材的认真分析。通过认真钻研大纲，分析教材，做到能从整体上把握课程的基本结构，理清教材的知识体系。在此基础上，具体分析某单元的教学内容，找出其中的基本概念、基本原理和基本方法，确定教学的重点和难点，为建立教学目标奠定基础。

2. 分析学生已有的学习状态

在充分钻研教学大纲和教材内容的同时，教学目标的制定还要以学生的特点和已有的学习准备为基础。课堂教学就是要教给学生不懂或还不够懂的东西，而学生已经具备的知识技能则是进一步学习的基础，因此教学目标的确定不可能脱离开学生已有的准备状态。教学目标应该是在学生已有学习准备的基础上，经过学生的努力而能够达到的目标。

因此，学生原有的知识水平、心理发展水平和成熟状况，以及学生的态度、兴趣、爱好和学习的倾向性等个性因素，都需要在确定教学目标时予以认真考虑、分析。也就是说，教学目标必须与学生已有的学习准备状态相关。对群体教学而言，全班学生普遍具有的学习准备状态和一些共同心理特征是确定教学目标时应考虑的主要方面，但与此同时，目标的设计也应充分考虑到学生的个别差异性，特别是那些智力超常儿童和学习障碍儿童的特点，制定相应的发展目标，使每个学生都得到充分发展。

3. 确定教学目标分类

在完成上述两项基础性工作后，目标设计工作就进入了提出目标、确定目标分类的实质阶段。从不同角度和标准出发，可以对教学目标进行不同的归类。实施目标分类的主要目的是提高目标在教学中的清晰度和可操作性，便于教师更好地依据目标指导教学，评价教学。国外学者布鲁姆及其同事对教学目标的分类做了系统研究，他们将教学目标分为认知、情感和动作技能三个领域，而每一个领域的目标又由低级到高级分成若干层次。

4. 列出综合性目标

完成目标分类后，设计者可用概括性术语先列出各类综合性目标，如"提高学生的阅读能力""培养学生对音乐的兴趣"等。综合性目标反映了对教学的一般要求，但往往还比较笼统，难以直接观察、测评。因此，在列出综合性目标后，还必须对它进一步分解，使之成为可操作、可评价的具体行为目标。

5. 陈述具体的行为目标

即用能够引起具体行为的术语，列出一系列能够反映具体学习结果的教学目标来解释每个综合性目标，这些具体的行为目标是可以直接观察和测评的，它们能够解释学生达到目标的程度。

（三）教学目标的表述

在教学目标确定后，如何清晰、准确、具体地表述教学目标，就成为教学目标设计中的一个关键问题。教学目标的传统表述，常以教师为本位，以较抽象、笼统的话语来表达，例如，"提高学生的写作技能""培养学生的良好习惯"等。这种表述方式的最大弊端就在于不够明确，缺乏操作性，难以测量评价，很难肯定教学目标是否确实达成。布鲁姆关于行为目标的研究表明，教学的完成是学生行为的改变，无论是认知、情感的学习，还是动作技能的学习，最后均能表现在学生行为上面，这些行为是可观察的，也是可测量的，以行为目标的方式来表述教学目标，可以有效提高教学目标对教学活动的指导作用。据此，一个好的教学目标的表述，就是要将一般性的目标具体化为可观察、可测量的行为目标，说明学生在教学后能学会什么，学到什么程度，说明教师预期学生行为改变的结果，这样才有利于教师在教学时对目标的把握与评定。

二、根据学生现实发展水平确定教学起点设计

全面了解学生的现实发展水平，准确把握教学起点，是教学设计的一项重要内容。学生的现实发展水平，主要指学生已有的知识准备、能力水平、身心成熟程度和学习动力状态等。学生已有的知识能力水平和学习准备状况是教师施教的基础，教学只有建立在学生现实发展水平的基础上，教与学之间的沟通才能成为可能。

在教学设计过程中，准确把握学生现实发展水平的基本意义包括以下几个方面：

有利于教师确定恰当的教学起点，教学起点总是以学生已有的发展水平为标准的，起点过高或过低都不能激发学生的学习动机，促使学生正常发展。因此，全面了解学生，准确把握学生已有的发展水平，对于教师正确确定教学目标，选用教学内容，设计教学进程，保证教学活动在一个良好的起点上顺利展开，具有十分重要的意义。

有助于教师选择恰当的教学方法、教学媒体，调控各种环境因素，为学生提供背景知识，创设良好学习环境，促进起点行为和新的学习之间的内在联系。

有助于教师甄别学习者的个别差异，以便因材施教，使全体学生都得到相应程度的发展。在如何准确设计教学起点，以帮助学生迅速有效地建立起新旧知识间的联系，促进学习任务的完成方面，奥苏贝尔提出的"先行组织者"学说具有重要借鉴意义。所谓

"先行组织者"，实际上就是在正式的学习开始之前以学习者易懂的通俗语言呈现给学习者的一个引导性或背景性知识材料。"先行组织者"的主要作用是为教学提供一个适当的起点，充当新旧知识联系的桥梁。"先行组织者"最适宜于在两种情况下运用：一种情况是，如果原有知识与新知识之间缺少明确的可辨别性，学生学习新知识时容易产生新旧知识意义上的混淆，那么教师在教学开始时就可以先给学生设计呈现一种对新旧知识异同进行比较的材料，以提高新旧知识间的可辨别性，保证新知识学习的顺利进行；另一种情况是，当学生面对新的学习任务时，如果其认知结构中缺乏适当的上位概念可以用来同化新知识，教师就应该先为学生设计呈现一个包容概括水平高于要学习的新材料的先行组织者，让学生先学习这一组织者，以便获得一个可以同化新知识的认知框架，使新的学习任务得以完成。但是，能否设计出一个符合实际需要的先行组织者，为教学找到一个适当的起点，其先决条件仍是是否准确地了解了学生已有的知识准备状况。

了解、诊断、识别学生已有的知识准备状况、学习动机状态及其他方面情况的方法是多种多样的。根据教学的实际需要和教学内容的具体要求，教师可选择问卷法、谈话法、观察法、课堂提问、作业、测验和考试等各种方法去了解学生。只要每个教师在日常教学中都能有意识地多方面观察学生，了解学生，长此以往，对学生的各种情况必然会了然于胸。这样，在充分了解学生学习状况的基础上合理设计教学起点，安排教学进程，教学水平就会得到不断提高，教学质量就能得到有效保障。

三、教学内容设计

教学内容设计是教学设计的一项重要内容。教学内容的设计过程，也就是教师认真分析教材、合理选择、组织教学内容以及合理安排教学内容的表达或呈现的过程。教学内容集中体现在教科书中，由于教科书的编排和编写要受到书面形式等因素的限制，它所呈现的知识内容和知识结构必须经过教师的再选择、再组织、再加工，才能切合教学的实际需要，才能由死材料变为活知识，并最终有效地内化为学生掌握的知识。因此，教师必须重视教学内容的设计，有没有对教学内容进行认真的设计，实际的教学效果是大不一样的。

（一）根据陈述性知识的特点进行教学设计

陈述性知识，主要是有关"世界是什么"的知识。这类知识可分三种形式：

1. 有关事物的名称或符号的知识

这种知识的学习要求记住事物的符号和符号代表的个别事物，获得的是一种孤立的信息。例如，外语单词的学习，所掌握的就是这种知识。

2. 简单命题知识或事实知识

如学习"中国的首都是北京""三角形有三条边"这样的单个命题，所获得的知识即这种知识。

3. 有意义命题的组合知识，即经过组织的言语信息

如陈述项羽失败的原因，所需要的就是这类知识。

根据陈述性知识的特征进行教学设计，有利于知识的贮存、提取和回忆。这类教学设计的教学目标主要在于培养学生回忆知识的能力，教师通过在课堂教学中要求学生口头或书面陈述学到的知识，即可检查学生是否形成了这种能力。为此，教师在陈述性知识的教学设计中，要将设计的重点放在如何帮助学生有效地理解、掌握这类知识上，注重学生对陈述性知识中符号或语词意义的获取。

（二）根据程序性知识的特点进行教学设计

程序性知识是有关"怎么办"的知识。例如，要学生根据给定的半径数计算圆的面积，将一堆混杂的蔬菜水果逐一归类，根据语法修改病句等，学生能正确和顺利地完成这些任务，就是获得了相应的程序性知识。

由以上可以看出，程序性知识主要涉及概念和规则的应用，即对事物分类和进行一系列运算、操作。在教学实践中，如何将贮存于头脑中的原理、定律、法则等命题知识转化为技能，实现由静态向动态，由贮存知识向转换信息，由缓慢地再现知识向自动激活转化，从而实现学习的发展，是教学设计的一个关键问题。因此，程序性知识的教学设计应确定的教学目标，主要就是帮助学生形成运用概念、规则和原理解决问题的能力。检验这种能力的行为指标，是学生是否能运用学过的概念和规则顺利进行运算和操作。为达成这一目标，程序性知识教学要有充分的练习设计。在设计概念练习时，应注意充分应用正反例。呈现正例有助于概括和迁移，但也可能导致泛化。呈现反例有助于辨别，使概念精确。规则的学习掌握也应配合一些练习，及时引导学生将新习得的规则应用于问题解决的情境，做到一见到适当的条件，便能立即做出反应。对于系列较长的程序性知识的教学，还应先考虑练习时间的分散与集中以及部分与整体的关系，应该先练习局部技能，然后进行整体练习。总之，教师在进行这类知识的教学设计时，要对讲授与练习的时间做合理规划，使规则、概念的掌握与解决问题技能的形成在课堂教学中都能得到有效保障。

（三）根据策略性知识的特点进行教学设计

策略性知识也就是回答"怎么办"的问题的知识，它与程序性知识的主要区别在于它所处理的对象是个人自身的认知活动，是个体调控自己的认知活动的知识。例如，在陈述性知识具备的条件下，有些学生面临新的学习任务时显得灵活，适应能力很强，有些学生则显得呆板，应变力差，造成这种学习上的差异的一个重要原因就是学生是否掌握了一定的策略性知识。

一般来说，策略性知识分为两级水平：较低级的为一般学习活动的策略知识，如控制与调节注意策略、记忆策略和提取策略等；较高级的为创造性思维策略知识，这类策略往往因时、因人、因内容而异，是一个推理过程，难以程式化，目前尚没有明确分类。根据策略性知识的特点进行教学设计，需要解决三个难题：①教材问题。传统的教材没有把认知策略的训练作为一个重要目标，教材中缺乏相应的内容。②教师问题。策略活动是一种内在思维活动，怎样使学生仿效这种内隐的活动，关键是教师要善于描述内在的思维，使学生可以想象。由于目前许多教师缺乏策略教学方面的知识和训练，他们不知道如何向学生去解释策略，因而要搞好策略性知识的设计，教师应加强策略教学方面知识的学习和训练。③学生问题。学生的认知策略制约着策略性知识的教学，因而注重对学生进行认知策略训练，是教学设计的一个重要部分。例如，通过提问控制学生的注意，使之逐步由外界控制变成自我控制；教会学生在听课和看书时如何做笔记；还可以教会学生如何将知识加以组织与意义加工，促进记忆，便于回忆等。

总之，要搞好策略性知识的教学设计，教师必须首先学习和掌握有关学习策略、认知策略方面的知识，加强策略教学的训练，同时注意挖掘教材中的策略性知识内容，在此基础上根据策略性知识的特点和学生学习的特点进行针对性的教学设计。

四、教学时间设计

（一）设计教学时间的意义

时间是一个物理学的概念，同时也是一个心理学、教育学的概念。从心理学的角度看，时间是学生学习过程中的一个决定性因素。从教育学的角度看，时间是一种重要的教育资源。学校教学活动总是在一定的时间内进行的，教学时间是影响教学活动的一个重要因素，控制和改变教学时间在一定程度上也就意味着控制和改变教学活动。因此，在教学实践中，了解、研究教学时间，并根据教学需要对教学时间进行合理分配和控制，是教学设计的一项重要内容。

（二）设计教学时间的维度

在实际设计过程中，教师必须综合考虑多方面因素，从不同维度把握教学时间的确切含义，从不同方面了解考察教学的时间效益，从而使教学时间的设计更加科学合理，切合教学实际需要。以下几个概念是教师设计教学时间时必须了解和掌握的，它们从不同的维度决定着教学的时间效益。

1. 名义学习量

也就是学生所需要的学习时间总量，它具体表现为学校每年的总学时量。在我国小学中，这一时间量由国家统一规定，因此各学校间每年的总学时量差异不大。这一时间量是针对学生整体设计的，具体到每个学生个体，这一时间量是不尽相同的，所以还有必要考察个别学生实际的有效学习量。

2. 实际学习量

指每个学生实际接受的有效学习时间量。在实际教学过程中，由于受学生迟到、缺勤和教师缺课以及其他因素（如学校随意组织活动造成的教学中断及对教学的干扰）的影响，每个学生及不同学校的学生实际接受的有效学习量是不完全一致的。有关研究表明，学生的出勤率与其学习成绩呈正比例关系，学生的学业成绩受出勤天数、无故缺勤和迟到等综合因素的影响。因此，保证每个学生的实际学习量，是教学时间设计、控制的一个重要方面。

3. 单元课时量

指学生在课堂上学习某一单元或某一具体内容时获得的学习时间量。在实际教学中，教师在课堂上对各种课程内容的时间分配是有很大差异的（比如，对阅读、思考、练习、讨论、测验活动的时间分配），研究表明这种差异与学生成绩之间的关系也呈现比较复杂的关系，有的正相关，有的负相关。因此，教师在确定课堂教学时间分配时应全面考虑教材内容、学生学习特点等多方面因素，切不可凭个人兴趣、习惯行事。

4. 专注学习时间

指学生在课堂上积极专心学习的时间。实践表明，教师授课期间，并不是所有学生都在始终如一地专心听课。部分学生注意力涣散、不专心学习的情况在课堂上是经常出现的。因此，即使在同一节课的时间内，每个学生的专注学习时间也是不完全一样的。研究发现，学生的专注学习时间对学生的学习成绩有强烈的影响，学习成绩的好坏在很大程度上就取决于专注学习时间的多少。另外，学生专注学习时间与其能力还密切相关，能力低的学生多出现不专心学习的行为，使学习活动中断，而能力强的学生往往在注意力涣散之前先完成了学习任务。因此，教师在课堂教学中应尽可能使学生集中注意力，以保证学生专注学习时间得到增加。

5. 教学时间的遗失

指由于受外界干扰或教师对教学处理不当造成的教学时间的浪费。教学时间的遗失对一堂课的质量有较大影响，教师在教学中要尽可能避免以下几种教学时间的遗失现象：一是因课堂偶发事件引起的教学中断。在课堂教学中，经常会出现一些纪律问题或其他意想不到的事件。在这种情况下，教师要机智果断地快速处理出现的问题，有些情况可以放到课后处理，这样就可以使教学中断的时间缩小到最低限度，不致对教学造成大的影响。二是过渡时间过长。在一节课开始前和教学内容发生转换时，需要一定的过渡时间。过渡时间过长，就会造成教学时间的遗失和浪费。因此，教师在课前一定要对过渡时间严格设计，争取以最精确、简练的语言陈述过渡内容，使过渡时间尽可能缩短。三是不当的练习作业造成的时间浪费。练习是课堂教学的一项重要内容，但如果教师布置的练习不当，如难度过大，或学生对所学内容尚未掌握时就布置作业等，就有可能造成学习机会的损失和学习时间的浪费。因此，设计好练习作业，也是提高时间效益的一个重要方面。

（三）设计教学时间的策略

1.把握好整体时间分配

主要指教师在设计教学时，首先应对一学期甚至一学年教学时间的总体分配情况做到心中有数，要依据教学大纲的规定和教学的实际需要对整体教学时间（一般以学期为限）做出合理规划。把握好整体时间分配，是提高教学时间效益以及顺利进行一系列后续时间设计的基本前提。在实际教学中，常有一些教师由于忽视对教学时间的整体规划，时间使用的随意性较大，结果常出现一学期的教学前紧后松或前松后紧，甚至完不成学期教学任务的现象，从而造成了教学时间的浪费，影响了教学质量。

2.保证学生的实际学习时间

教师应通过加强管理，尽可能减少学生的迟到、早退及无故缺勤现象，同时也避免自身缺课。一旦发生了缺勤情况，只要有可能补救，就应当采取补课或其他措施把损失的时间补回来，以此来保证学生的实际学习时间能维持在一定水平。

3.科学规划单元课时

单元课时的设计是教学时间设计的核心。教师在进行单元课时设计时，应认真钻研教材，分析学生已有的知识准备状况，找出单元内容中包含的知识点以及重点、难点，在此基础上确定每个单元所需的教学时间。在每个单元所需的总的课时确定的情况下，教师还须进一步对每堂课的时间分配做具体规划，如导入新课用多长时间，讲授用多长时间，提问讨论用多长时间，练习用多长时间，总结用多长时间等，都必须事先一一分配好。单元课时规划一旦设计好，就应当认真遵照执行，不要随意变动。当然，如遇特殊情况或发现设计有失误，则须予以调整和修改。

4.尽可能增加学生的专注学习时间

增加学生的专注学习时间，是提高教学时间效益的极为重要的一个方面。实践表明，通过教师的努力，增加专注学习时间是完全可能的。增加学生专注学习时间的途径主要有两方面：一方面是教师通过采取一定的教学策略，将学生的注意力和学习兴趣维持在一定水平。例如，教师对学生的课堂学习进行阶段性观察，对指定的学习任务做出明确指示，对学生的课堂反应给予及时鼓励和反馈，适时安排课堂提问，适时环绕课堂走动，适时改变教学节奏，等等，都可以提高学生专心学习的程度。另一方面是教师根据学生的学习心理特点和学习能力的生理周期变化，采取一定措施，合理设计与组合教学时间，以此来增加学生专注学习的时间。例如，研究表明，在每个学习日里，学生的学习能力有高低变化，每天学习能力最强的时间是上午第二、第三节课期间，较差的时间是下午第一节课。在一周的时间里学生的学习效率也有变化，星期一、星期二最高，星期三开始下降，星期五略有上升。此外，学生的年龄不同，学习的有效持续时间也不相同。根据测量研究，学生不产生疲劳的适当学习时间是：6~8岁为30~40分钟，9~12岁为 40~50 分钟。学习时间长，消除疲劳的时间也长，课间休息时间也得等比数增加。根据上述研究成果，教师可以通过合理组合搭配教学时间来增强学生专心学习的程度，增加专注学习的时间。另外，在课表中穿插安排不同性质的学科，采取弹性课时制，设长短课或单课时与双课时结合的方法来安排教学时间，对于有效维持学生的学习兴趣，增加专注学习时间也有一定作用。

5. 防止教学时间遗失

防止教学时间遗失，实际上就等于增加了有效教学时间。而能否真正避免教学时间的遗失，在很大程度上取决于教师教学设计是否具有科学性、合理性和有效性，以及教师在课堂上的临场发挥。因此，从教学设计的角度看，教师在事先设计过程中一定要把握好每个环节，精心设计好每项内容，同时又要对课堂上可能出现的问题及处理办法有一定预测和心理准备，只有这样，在课堂上才有可能避免教学时间遗失现象的发生。

五、教学措施设计

教学措施设计是教学设计的中心环节，课堂教学组织得如何，在很大程度上取决于教学措施是否设计得科学、合理、有效。教学措施的设计范围较广，它一般包括教学方法、教学媒体的选用、课堂教学结构的确定和教学环境的调控等方面内容。

（一）教学方法的选择与设计

实践表明，选择恰当的教学方法有利于提高课堂教学质量。小学教师常用的教学方法主要有讲授法、谈话法、读书指导法、演示法、参观法、练习法和讨论法等。就这些方法本身来看，它们都有各自的特点、优越性和适用范围，同时也都有各自的局限性。在实际教学中，不存在万能的或唯一好的教学方法，因为在某种教学情景下十分有效的教学方法，在其他教学情景下则可能效果不好。因此，用好教学方法的关键是根据需要合理选择、扬长避短、优化组合，而这点也正是设计教学方法的根本目的所在。那么，怎样才能达到这一目的呢？这就要求教师在选择教学方法时遵循以下一些步骤和要求。

首先，要明确选择教学方法的标准。一般的选择标准主要有：①根据具体的教学目标、教学任务、教学进度和教学时间选择教学方法，比如，考虑所选的方法是否适宜于完成教学目标，解决教材内容，是否有时间应用等；②根据学生的学习特点选择教学方法；③根据教师的特点选择教学方法，比如，教师的某些特长（如善于绘画、讲故事），教师的某些缺点（如不善于口头表达或板书）；④根据现有的教学条件选择教学方法，如考虑到教学设施、教学媒体的现状等。

其次，尽可能广泛地了解和提出有关的教学方法，以便自己考虑和选择。教师收集了解到的教学方法越多，就越有利于进行优化选择。

最后，对各种供选择的教学方法进行比较，主要比较各种教学方法的特点、适用范围、优越性和局限性等。

（二）教学媒体的选择与设计

教学媒体是教学的基本要素之一，教学活动离不开一定媒体的支持。教学媒体内涵广泛，它既包括传统意义上的语言、文字、粉笔、黑板等传播媒体，也包括幻灯、录音、录像、电影、电视和电脑等各种现代教学媒体。教学媒体特别是现代教学媒体的运用，为教学信息的便捷、高效传递提供了可能，为教学质量的提高奠定了物质基础。研究表明，合理运用各种教学媒体，有利于调动学生多种感官对知识的感知，实现信息传递的多渠道化，从而加强学生对知识的感知度，提高学生对知识的吸收率，促进由知识向能力的转化。

1. 依据教学目标选择教学媒体

在选择教学媒体时，应首先考虑媒体的使用是否有利于达成特定的教学目标，是否符合具体教学任务的实际需要，是否切合教学内容的性质和特点。如果脱离特定的教学目标和教学实际需要，媒体本身运用得再完美也毫无意义。

2. 依据教学对象的特点选用教学媒体

不同年龄阶段的学生对事物的感知方式和接受水平是不完全一样的，因此，选用教学媒体时必须考虑学生的年龄特点和学习的实际需要，以最充分地利用媒体的优势激发学生的学习兴趣，发展他们的学习潜能。

3. 依据媒体的技术特性选择教学媒体

具体有两方面要求：一是要考虑各种媒体的技术特点和功能，如录音、录像、幻灯、电视等媒体的技术特性和具体功能是不尽相同的，究竟选用哪种或哪几种，须结合这些媒体的技术特点加以考虑；二是要考虑所选媒体教师自己能否熟练地操作，以及运用媒体是否有助于发挥自己教学的特长。

4. 依据经济条件选择教学媒体

媒体的选择也要本着经济有效、量力而行的原则行事，在尽可能满足教学需要的同时，也要注意节约，不要造成浪费。

（三）课堂教学结构的设计

课堂教学结构的设计也是教学设计的一项重要内容，在确定了具体的教学目标、内容、方法和媒体后，如何将这些因素有效地组织在教学过程中，就需要从教学结构的角度加以设计。因此，确定课堂教学结构的过程，实际上也就是对各种教学因素、教学环节进行组装、统整的过程。课堂教学结构的设计一般遵循三个步骤。

第一步，选取教学环节。一般的教学环节包括明确教学目标，阅读感知教材，教师讲授、解疑，学生讨论问题、演练、复习、系统小结等，但由于学科性质、教学任务的差异，这些环节并不是每堂课都必须具备的。一堂课究竟应由哪些环节组成，需要教师根据学科特点和教学的实际需要来选取。

第二步，在选取教学环节后，要具体设计课堂教学各环节的组织，即将各教学环节进行有机组合，安排各环节的先后顺序，使之前后环连，成为一个适于教学的整体结构。

第三步，对各教学环节的设计进行"统调"，使各部分教学内容的组织有机协调，协同作用，做到重点突出，兼顾全面，以保证整体功能大于各部分之和，保证教学目标的实现。

（四）教学环境的调控与设计

教学环境也是制约教学活动的一个重要因素，不同的教学环境会对教学形成不同的影响。因此，设计、调控教学环境是教学设计的一个重要方面。

课堂座位是一个重要而又长期被人们忽视了的课堂环境因素。20世纪70年代以来，随着教学环境研究的兴起，课堂座位编排方式也逐渐引起人们的重视。大量的研究结果表明，课堂座位编排方式对学生的身体健康与心理发展均有重要影响。

1. 设计编排课堂座位的生理学依据

大量的教学实践表明，课堂座位的编排是项复杂的工作，它要受制于多方面的因素。从生理学的角度来看，课堂座位的编排必须遵循学生生理发展的特点，不能有损于学生身体健康。

2. 设计编排课堂座位的教育学依据

教学环境的有关实验研究及教育实践均表明，课堂座位编排方式对学生的课堂行为、学习成绩、社会交往、学习态度、人际关系以及整个教学活动产生着直接或间接的影响，因而是一个具有广泛教育学意义的环境因素。从教育学的角度来看，合理设计和编排课堂座位，充分利用不同座位模式的特点适应教学目标和教学情境的变化，满足不同课程和不同教学活动的需要，是教学环境设计中一项非常重要的工作。

六、教学评价设计

教学评价是根据教学目标，运用评价的方法和手段对教学活动及其预期效果进行价值判断的过程。教学评价的主要目的是获取教学活动的反馈信息，检测学生学到了什么，学到何种程度，以及判断教学是否达到了预定的教学目标，若没有达到，具体的原因在哪里，有没有加以调整的可能和必要等。由此看来，教学评价在教学过程中具有十分重要的意义。合理设计教学评价，对于促进教学目标的达成和提高教学设计的科学性、有效性，无疑都有着积极的作用。

实践表明，教学评价是一个系统的过程，整个教学过程的各个不同阶段都需要设计和实施教学评价。一般而言，在教学前要有"准备性评价"和"安置性评价"。前者在于了解学习者对即将开始的学习是否具备了必要的起点行为和基本技能，如果起点行为和基本技能不足，须先进行必要的补救性教学；后者主要目的是评定学生掌握预定学习内容的程度，以便分别安置或调整教学的程度及深度，更好地因材施教。在教学进行中，要设计实施"形成性评价"，以此了解学生学习的进展情况和所达到的水平。若学习进展顺利，可以给予必要的鼓励和强化。若学习效果不理想或学习进展困难，则需要寻找原因并给予及时的帮助，必要时还须进一步做"诊断性评价"，通过这种评价诊断出学生学习困难的原因后，可以对症下药，提供补救的教学措施。在教学告一段落时，可以设计实施"总结性评价"，以此来评定学生学习的成绩，判断学习水平高低及相对地位，并对整个教学效果做出评价。

教学评价采用的具体方式也是多种多样的，如课堂提问、讨论、练习、作业和各种测验等。教师究竟采用什么评价方法，运用何种评价手段，还需要根据评价的目标、性质以及教学的实际情况而定。总之，全面、客观、公正、及时应当是设计教学评价时遵循的一些基本准则。教学设计是教学过程的起始阶段，是建筑高楼大厦的蓝图，是将军指挥作战的战术谋划……教学设计一般包括三个基本内容：一是分析教学目标，即明确学生要学会什么；二是确定教学策略，即为达到教学预期目标，如何实施教学，也就是选择要达到预期目标所需要的资源、程序和方法；三是进行学习评价，即及时反馈信息，对是否达到预期目标进行检测。

在教学设计过程中，应遵循这样几个基本原理：以目标控制教学过程；把教学过程看作一个开放系统，教学设计要从整体来考察这个过程；运用系统分析方法去设计教学策略；强调信息反馈，不断调整教学过程，以达到最优的教学效果。教学设计必须考虑教学系统中各个要素之间的关系及整个过程中各个环节之间的联系，才能获得最佳方案。

第二节　教学设计的原则、要求、方法与艺术

一、教学设计的基本原则

（一）方向性原则

教学设计要从国家的教育方针和新时期的教育目标出发，站在"三个面向"的高度，考虑课堂教学结构环节的取舍，使课堂教学结构有利于培养学生独立学习、独立实验、独立工作的能力等。因而要把自学、讨论、探究、操作引进课堂，使之成为课堂教学的有机组成部分。

（二）民主性原则

教学民主意味着要使学生成为学习的主人，要尊重学生学习主人的地位，安排教学环节要有利于发挥学生的主体作用。在教学过程中，要为学生提供发表不同意见、学习感受、学习见解的机会，使他们在"一事多议""一知多用""一题多解"的学习生活中迸发出智慧的火花，培育"不唯书""不唯上"的开拓精神和创造才能。

（三）规律性原则

学生的学习与发展是有其内在规律的，课堂教学结构必须符合学生心理活动与认知规律。从学生认识发展的规律和心理活动规律中去确定课堂教学结构，使后者与前者相适应，这就是课堂教学结构的规律性。学生的认识一般是从感性到理性，从理论到实践，并且是由浅入深，由低到高，逐步向前发展的。一般新授知识都是从复习旧知识或演示实验入手，通过分析比较、讨论研究、概括归纳上升为理性知识，再通过演算、操作、诵读等应用环节加以巩固并转化为能力。这就是认识规律对于课堂教学结构的规定性。

由于学生的认识活动还有情感、意志等非智力因素参加，所以要采用认知冲突、激疑生趣和表扬鼓励等方法，使课堂教学结构适应学生心理状态的需要，使学生的发展与学生心理活动的发展同步。

（四）适应性原则

我们知道，课堂教学结构必须从教材的特点和学生的实际出发，具有鲜明的针对性和适应性。同样的年级，同样的教材，在不同的班级实施教学，课堂教学结构的形式就不应该套用一个模式；基础好、能力强的班级可以放手让学生独立学习、相互讨论、共同研究、归纳分析，而对于基础差、能力较低的班级或学生就应该适当讲解，多指导。

（五）反馈性原则

教学过程是信息传递与调控的过程，在这个过程中，师生都需要在信息输入和输出的基础上及时获得反馈信息，及时进行调控。为加强教学过程的有效调控，在课堂教学的结构上，必须从有利于教学反馈的角度出发，酌定教学环节，从而加强课堂结构的反馈性。例如，组织对关键性教学内容的研讨与评论，板书与分散作业相结合的课内练习与评析等，就是有利于课堂教学双向反馈的结构环节。

（六）整体性原则

课堂教学结构中诸环节的联系与关系衔接自然，协调有序，有机结构，浑然一体，能有效地发挥课堂教学结构的整体效应，产生整体性的新功能。

二、教学设计的基本要求

为了教好课，必须做好教学设计；而做好教学设计，必须努力实现以下基本要求：

（一）强调系统性，坚持局部与整体的统一

关于课堂教学的整体性，是指某一学科的课堂教学标准所规定的完整的知识体系或整册课本；相对于这个整体的局部是指某一篇课文、某一个章节或某一单元。进行教学设计时，必须使两者和谐统一，以整体指导局部，以局部体现整体。也就是说，教师在备具体的某一章节、某一课时时，必须立足全局，从课堂教学标准和整个知识体系出发，明确某一章节、某一课时该讲什么，不该讲什么；哪些是重点，哪些是非重点；培养哪些方面的能力，运用什么方法培养能力等。就某一章节、某一课时而言，既不可能将全册教学任务毕其功于一役，也不能离开全册的整体乱定教学目标与任务，否则会劳而无功，使教学归于失败。

整体与局部的另一重要含义是指全班学生与个别（部分）学生而言。进行教学设计时要从大多数学生的水平、能力出发，某些部分也应适当照顾个别学生，如某基础部分适当照顾学困生，灵活运用部分照顾优等生等，使各个层次的学生都有所收获。

（二）明确目的性，坚持知识传授、思想教育、能力培养的统一

教学的终极目标是综合完成教养、教育、发展，也就是知识传授、思想教育、能力培养等几个方面的任务，这三个方面的任务在教学设计过程中不可偏废。也就是说，不可只重视其中一点或两点，而忽视了其他；同时又要有重点，知识传授、思想教育、能力培养三方面不可能平均用力。一般来说，知识传授用的时间较多一些，花费的气力比较大一点，能力培养稍次之。思想教育则主要是渗透于知识传授和能力培养的过程之中。要恰当地把知识传授、思想教育、能力培养等几个方面的任务有机地融合在一起，使它们既全面安排，又重点突出；既各有目标，又相辅相成。

（三）加强针对性，坚持教法与学法的统一

教学的目的是教好学生，教学生学好。学生是教学的主体，教师则是教学的主导，教师教得好坏是通过学生的学体现出来的。一些优秀教师的备课实践证明，凡是备课好的、教课好的，首先是他们了解学生，摸清了学生的情况，然后对症下药、有的放矢，否则就会劳而无功。因而加强针对性，备教课之所需，教学生之所需，这是教学设计的又一个重要方面。

要加强针对性，就要坚持教法与学法的统一。人们一般认为，备教法是理所当然，备学法就似乎没有必要。他们认为，学生在学习过程中会自然掌握学法，无须教师专门指导。其实不然。常言道，教是为了不教。我们强调提高课堂教学效率，其最终要解决

的就是不让学生亦步亦趋，永远跟着老师学，而是让他们学会如何学。学生只有会学，才能学好。

要做到这一点，就必须有意识、有目的、有计划地进行学法指导，使学生逐渐掌握适合自己的学习方法，养成自学习惯，形成自学能力，这样教师的教才能事半功倍。否则，教学效果将会受到严重影响。

（四）突出计划性，坚持内容与形式的统一

做好教学设计必须突出计划性，诸如一堂课整体上怎样安排，局部与整体如何协调，知识传授、思想教育、能力培养如何统一，教法与学法如何一致等，都要事先计划好，以免上课时手忙脚乱。其中最主要的是要安排好内容与形式，使二者达到有机统一。所谓内容，是指教材的具体知识，课堂教学的具体目标；而形式则是指恰当的教学模式、教学结构、教学方法等。没有内容，形式就会失去赖以存在的基础；没有形式，内容也无法传授，教学也就成了纸上谈兵。

在内容方面，教师必须首先吃透教材，真正把握教材的重点、难点与关键，明确哪些该讲，哪些不该讲；哪些重点讲，哪些略讲；哪些先讲，哪些后讲；弄清教材内容如何剪裁，教学中心如何提炼，课堂练习如何设计，缺漏内容如何补充；要做到重点突出，课前把所有内容准备充分，课上只把主要内容传授给学生，其余只在学生质疑时予以解决。

在形式方面，教师要从所讲的内容出发，选择合适的教学模式、教学结构、教学方法。一般来说，教学模式、教学结构容易选择，而如何运用好这种教学模式、教学结构就不大容易了，这中间牵扯到教学方法的实际运用。因为再好的模式在课堂教学中也不是一成不变的，而如何变，是大有学问的，这正是教学艺术的精髓所在。

三、教学设计的基本方法

（一）教学目标的制定

教学目标是从认知领域、情感领域和动作技能领域三方面进行分类的。在制定教学目标时就必须明确其掌握的层次。

教学目标一般分为识记、理解、掌握三个层次。识记是获取知识的初级阶段，表现为对知识的识别和了解，是对知识外在特征的反映；理解是获取知识的内化阶段，表现为对知识的转换、解释和推理；掌握是巩固知识和运用知识的阶段，表现为对知识的实际应用。

在制定教学目标时，要认真钻研课程标准与教材。课程标准是教学活动的方向，对教学提出了终极要求。教材是教学之"本"，是提供达到终结性要求的材料。教学目标是把终极目标与所提供的材料结合，并加以系统整理，分级归类，以便于组织教学活动，

了解学生的反馈，及时做出评价等。

要制订好单元教学计划。教学单元的制定要从整个教材体系、内容和学生实际出发，一般情况下，教学单元宜小不宜大。要在认真钻研教材和了解学生实际水平的基础上，准确把握单元教学的知识要点，然后根据知识特点和要求确定每个知识要点的学习范围，即决定每个知识要点的学习起点是什么，最高应达到的水平等。

（二）教材的分析与处理

教材是教学的依据。要进行教学设计必须认真分析理解教材，全面熟悉掌握教材。分析教材要做到"懂""透""化"。所谓"懂"，就是把教材最基本的东西弄清楚；所谓"透"，就是不仅懂而且能熟练运用；所谓"化"，就是教师的思想感情和教材的思想感情融合在一起，能用自己的语言加以表达。只有对教材透彻理解、融会贯通、熟练掌握，才能生动地讲述教材，举一反三，深入浅出。认真分析理解教材，必须钻研课程标准。课程标准是规定某一学科的课程性质、课程目标、内容目标、实施建议的教学指导性文件。课程标准与教学大纲相比，在课程的基本理念、课程目标、课程实施建议等几部分阐述得详细、明确，特别是提出了面向全体学生的学习基本要求。所以教师要以课程标准为指导，去分析理解教材，从而正确把握各年段、各学段教学内容之间的关系，准确把握各章节的目的要求、重点和难点。

分析理解教材可以参考"教师教学用书"以及教育报刊发表的有关教材分析的文章等。要在自己充分钻研、理解、消化、吸收教材的基础上，阅读有关教学参考资料，使之成为自己的思想认识，并从实际出发，选择采用，切不可照抄照搬，用阅读代替对教材的分析理解。

四、教学设计的艺术

（一）中心提炼艺术

中心是一篇文章的核心和灵魂，在整个文章的行文过程中起着提纲挈领的作用，而其他内容和细节都围绕着这个中心要旨进行叙述、描写、分析、说明和论证等。而课堂教学的中心则是一堂课讲授的精华和主旨所在。按照常规教学安排，一节课教师要传授给学生的是一篇课文，或某一章节教材，而这篇课文或章节包含的内容很多，教师必须根据教学目的要求，把最重点的和学生最需要的知识传授给学生，这个过程就是提炼中心。提炼中心有以下几种方法：

1. 内容概括法

就是教师先把教材分成若干部分或层次，根据各部分或层次的主要内容，进而分析它们在教材中的位置、重点，从而概括出本节课的教学中心。

2. 题眼寻觅法

所谓"题眼",即教材或标题中的重点词语。它是全篇内容的焦点,是对全篇内容的高度概括。抓住了"题眼"便可领会到教材内容的中心所在。

3. 句段分析法

通过研读、分析教材的重点句子和段落,归纳出教材的中心,如"方程的解"一节,其定义为:能使方程两边相等的未知数的解,就是方程的解。把这个重点句子分析透了,教材的中心也就突破了。

词语阐释法。这是通过品味教材中的重点词语来提炼中心的一种方法。如《桂林山水》教材中的中心句是"桂林山水甲天下","甲"这个词又是这个中心句中的重点词语,它是对桂林山水特点的高度浓缩,阐释了"甲"字就能够很容易地把握住文章的中心。

4. 适时揭示法

有些教材在开头、篇中或结尾揭示教材的中心,教师要准确把握教材编者的意图,对教材中心适时进行揭示。如数学、物理、化学学科常常会在结尾处以总结式的语言概括出本章节的中心,抓住这些词语段落,就能够提炼出教材的中心。

5. 首尾照应法

教材编写如同写文章一样,常常会采取首尾照应的方法,分析教材时,要抓住这些语句或词语,准确地提炼出教材的中心。如《陋室铭》一文,若能抓住开头的"斯是陋室,惟吾德馨"与结尾的"何陋之有?"就能提炼出教材的中心。

(二)内容的剪裁艺术

教材是课堂教学的一个凭借和范本,教师在使用教材时,要根据实际教学工作进行适当"剪裁",使内容更适合学生学习和发展的需求。进行教材剪裁可采取以下几种方法:

1. 依据教学目的剪裁

教师在对教材进行剪裁时,一定要注意做到能够实现教学目的的,要多讲、细讲,反之就要略讲或不讲。

2. 依据教学重点剪裁

根据课堂教学的重点来剪裁,就是与教学重点有关的多讲、详讲,反之略讲或少讲甚至不讲。

3. 依据教学方法剪裁

根据选定的教学方法来剪裁内容,如使用谈话法,可以选择那些易于提问的内容与形式;使用讨论法,可以选择带有关键性问题的内容,重点突出地组织学生讨论;而使用作业法,则必须多设计些恰当的、合理的练习题,讲授的内容要相应地减少。

4. 依据教学手段剪裁

根据教学手段的不同来剪裁教学内容,如果使用投影、图片,则选择那些易制作图片并且学生难以理解的内容,其他内容也应以图代讲,使讲授内容更加直观,学生易于理解。使用音像制品时，则选择那些音像效果好、现场感强的相关制品，如抒情散文、地理风光、情境对话等。依据教学方法和手段进行剪裁教学内容是相对的，因为教学方法与手段都必须服务、服从于教学内容，是根据教学内容的中心和重点来选择的。但是教学手段与方法一旦确定后，又在某种程度上制约着教学内容的剪裁与选择。

5. 依据不同学科剪裁

如同是浓度计算问题，数学课重点讲授计算浓度的方法，而化学课则应首先讲清浓度的定义；关于青少年必须掌握科学的问题，政治课重点阐释观点的正确，即为什么要掌握科学，而语文课则从论点、论据、论证等议论文的构成要素来讲授。

（三）突出重点的艺术

在教学过程中，突出重点不仅是备课与课堂教学的基本要求，也是完成教学任务所必需的手段与方式。突出重点的方法主要有：

1. 分析题目

一篇文章或教材的某一个章节的题目，往往就是这篇文章或章节的重点所在，分析题目的含义，尤其是抓住"题眼"进行透彻的分析，就可以使重点突出。

2. 逐句解析

抓住教材中概括性、总结性的中心句、重点段，分析其在教材中的地位、作用，从而突出教学重点。

3. 辨析主次

在教学过程中，指导学生分析哪些是主要的，哪些是次要的，重点当然就突出了。

4. 比较对照

通过对教材中两类或两类以上相近或相反的内容进行比较对照来突出教材的重点。

五、教学的备课艺术

备课是教师课前所做的准备工作，它是教师充分地学习课程标准，钻研教材和了解学生，弄清为什么教、教什么、学生怎么学、教师怎么教，创造性地设计出目的明确、方法适当的教学实施方案的过程。每次教师要较好地完成课时备课，总是经历一个从感性认识到理性认识的过程，这个过程分为收集备课信息、设计教学方案、输出编写教案。

教师在备课过程中，首先要认真钻研教材，查阅相关教学资料，了解学生，努力从方方面面收集吸收备课信息。然后是对备课信息进行构思加工，设计教学方案。

一节课上得成功与否，在很大程度上取决于教师的备课程度。在备课上花一分精力，在教学过程中就有一分效果。教师要摸清学生的学习习惯，吃透教材，充分考虑教学目的、原则和方法，只有备好课，才能安排好教学环节，在有限的时间里，自始至终吸引学生的注意力，引导学生有效地进行学习，真正发挥学生的主体作用、教师的主导作用，保质保量地完成教学任务。

（一）教师上好课的标准

经过多年的教学实践，有许多教育专家研究确定出一节好课的基本标准，共有九条：①能正确确定教学目标，包括知识、科学方法、能力、技能和非智力素质方面的目标。②能根据学生实际，确立教学的深度、广度和容量。③能抓住重点、难点和关键，突出注意点。④正确处理主导与主体的关系，实行启发式、讨论式教学，创设多维互动、多向交流的教学形式，把研究性学习引入课堂，让学生感受、理解知识的产生和发展过程，学生的积极性、主动性和参与程度高。⑤教法设计与学法指导相结合，把能力的培养放在首位。⑥从多渠道及时和全面收集教学信息，加强教学的针对性；能精心设计好如何提出问题，揭示矛盾，激发思维。⑦根据本学科特点，能充分地、有效地使用教具，包括传统教具和现代教学媒体。在现代的网络条件下，从实际出发做好多种教学媒体的组合。⑧教学语言表达准确、精练，启发性、逻辑性、条理性强，有感情和吸引力。⑨课堂效率高，教学效果好。

（二）教师的备课方法与艺术

备课是对教学方法的精心设计，是课堂教学顺利实施，实现教学目标的保证，是提高教学质量必不可少的条件。从一定意义上讲，教师上好一节课，恰如带领学生攻占一个知识高地。打仗不能打无准备之仗，要上好一节课，必须充分备课。

备课是教师对本职工作责任感的表现，也是教师不断学习，不断提高自己的专业知识和教学能力的过程。现代科学技术飞速发展，教师必须适应形势发展，不断更新知识，吸收先进经验，提高教学质量。

要备好一节课，必须做到六备，即备教材、备学生、备教法和学法、备教具、备习题，并做好集体备课。

1.备教材，确定教学目标和重点

备教材就是教师要熟悉和掌握课程标准的要求和教材内容。钻研教材就应从全局到局部，要把自己所教年级的教材读熟读透，了解课程标准的具体要求，明确各部分内容在整个教材中所处的地位以及它们之间的联系。任何科学知识都是有系统性和连贯性的，不能整体把握教材，就难以发现体会出每节课的重点、难点和关键。

因此，教师在备课过程中，应在熟悉所教年级整体教材的基础上，采用单元备课、分节讲授的方法。一些缺乏教学经验的新教师往往忽视这一点，他们备课时常常只见树木，不见森林，对具体课题考虑得多，对教材整体分析得少。这种单纯一课一课的备课方法是不可取的。

掌握教材就要理解作者的心，体会编者的心，必须深刻理解教材，掌握关键，抓住教材中的关键点。能否准确找出教材中的关键，是体现教师对教材掌握的深刻程度的重要标志，也是评价一堂课教学水平的重要标准。

在备教材的时候，要根据教材内容、课程标准要求和学生实际，确定教学目标和教学重点。应该强调的是，教学目标中不但应有知识教学的目标，还应有科学方法（包括科学研究方法和学法）培养的目标、能力培养的目标和非智力素质培养的目标。是否能正确确定教学目标，是评价一节课的重要标准。

必须指出的是，课程标准是教师进行课堂教学的主要依据，是教学中力求达到的要求。对于教材的处理，教师要努力钻研教材，弄懂弄透教材，但并不是单纯地照本宣科地使用教材。教师对教材的处理、讲课的安排、事例的选取、手段的使用，都要符合课堂教学要求和学生的实际。这并不是说，教师可以放下教材另搞一套，而是要分析教材，恰当地使用教材，使教材真正成为学生掌握知识的凭证。

2. 备学生，明确教学难点、深度、广度和容量

学生是教学的对象，教师的教学效果最终都要落实到学生身上。因此，我们特别主张教师在备课时一定要备学生。

所谓备学生，就是要深入了解学生的实际，这是备课必不可少的环节。学生的实际主要是指学生的知识储备、理解能力、计算和实验能力等。有些问题，教师从主观上认为是小问题，是学生应该掌握的，备课和讲课时往往不大重视，但学生的实际知识基础可能在这方面存有缺陷，这样就会造成教学效果不理想。还有些问题，学生容易在认识或理解上发生偏差，产生误解，因而导致认知上的混乱，这应是教学的难点。教师在备课时应充分了解并估计到，并积极采取措施加以解决和突破。

了解学生实际的方法有多种多样，可以通过历年教学经验的积累，批改作业时发现问题，与学生交谈沟通、测验考试、课堂提问等，这些都是有效的办法。同一年级不同的班级，学生的知识基础和能力会有很大的不同，同样的内容与教学方法，在甲班可能很有效果，能受到学生的欢迎，但在乙班可能反映内容太浅，信息量太少。因此，应了解并根据各班学生的实际，针对不同对象而采取不同的要求和教法。在能力培养与训练方面，要体现课程标准的要求；在教学方法上，更要强调最大限度发挥学生的学习主动性，进行创造性学习，使他们的学习潜能得到充分发挥。

3. 备教法和学法，体现教师主导与学生主体作用

在熟练掌握教材，明确教学目标、重点、难点之后，备课时还必须全盘考虑与之配套的教学方法。要根据系统论、控制论、信息论等现代理论，突出学生在教学活动中的主动性、活动性、开放性和创造性。

教学过程是信息的加工、传输、存贮的过程。要发挥教师在这个过程中的"编程"与调控作用，使教学要求和教法符合学生的发展水平和认识特点，达成最佳匹配与结合，使师生双边活动处于共振、同步状态，从而取得最高的教学效率。因此教学方法的选择，要体现教师的主导作用与学生的主体作用相结合，突出学生在教学过程中的主动性、活动性、开放性和创造性，并与学法的指导相结合，创造出多维互动（师生互动、生生互动）、

多向交流（知识交流、方法交流、信息交流、情感交流）开放性的教学形式。备课时要根据教材实际、学生实际、教学设备实际通盘考虑问题，设计教学方法，从争取最佳教学效果出发，精心设计最佳的教学程序。

要充分体现课堂教学艺术，在教学设计时，一定要注意以下几个问题：

第一，必须考虑留给学生足够的时间让学生进行多种形式的活动，才能真正做到突出学生在教学活动中的主动性、活动性、开放性、创造性。要正确确定活动的内容、方法和时机，学生是否有足够的参与度。

第二，精心考虑如何提出问题。备课时要根据教材的重点和难点，发掘教材内容本身和学生认识过程中的矛盾，准确选择有针对性的问题，精心准备好富有启发性的语言，引起学生的思索，使他们疑惑、惊奇，这样提出的问题最能抓住学生的心，激起他们的思维活动，最后通过问题的解决，使之感到豁然开朗。提出问题是否有针对性，是否有启发性，是评价课堂教学的重要标准之一。

第三，对同一个内容，不要多次单调重复。教师讲的东西，只要学生已经懂的内容教师就可以继续往下讲。在讲新教材时，里面要包含旧的教材内容；做新练习时，里面要包含着旧的练习。这样就可以使学生总觉得是学习新的东西，保持着旺盛的学习兴趣。

第四，教学最重要的任务是让学生学会学习和怎样思考。必须指导学生学会高效率地学习，在有效的时间内学习尽量多的知识。要鼓励学生独立思考，有根据地怀疑，敢于和善于发现问题和提出问题，引导和发展学生的求同和求异思维。

4.备教具，做好多种教学媒体的有效组合运用

教具是教学工作的重要辅助手段。要使学生深刻理解和学会运用所学知识，单凭教师一张嘴巴、一根粉笔往往是达不到教学目的的，而必须借助于适当的教具。常用的传统教具包括黑板、实物、模型、仪器、挂图、图表等。随着科学技术的发展，出现了各种现代的教学手段，如投影机、收录机、计算机、校园网络等。应充分利用这些教具，特别是利用现代技术这一优越条件，认真做好准备，熟悉它们的原理与功能，以激发学生的兴趣，培养学生能力。

5.备习题，对习题进行精选、归类，并形成完整的习题体系

解习题是学生掌握知识的必要途径，是学生应用所学知识解决实际问题的起点，也是培养训练学生思维的手段。所以，备习题是教师备课工作的重要组成部分。

备习题就是要精选习题，要在分析教材的基础上，把本单元的习题和例题全部做一遍，掌握题目的深浅度和各种解题方法，然后确定题目中哪些可作为课前预习题，哪些作为课堂提问或课堂练习，哪些作为课堂举例，哪些作为课外作业或单元复习使用，这些都要统筹安排考虑。选用例题应具有典型性，既能巩固加深对基础知识的理解，又能对解题方法起示范作用。教师对例题的讲解要规范，着重分析题意，步骤要清楚，书写要规范工整，对学生起示范作用。对批改作业过程中发现的问题，要认真记录并加以分析，及时在课堂上给予讲评与纠正。

（三）编写教案的艺术

教案，也称课时计划，是教师经过备课，以课时为单位设计的具体教学方案。教案是上课的重要依据，通常包括：班级、学科、课题、上课时间、课的类型、教学方法、教学目的、教学内容、课的进程和时间分配等。有的教案还列有教具和现代化教学手段（如电影、投影、录像、录音等）的使用、作业题、板书设计和课后自我分析等项目。由于学科和教材的性质、教学目的和课的类型不同，教案不必有固定的形式。教案是教师的课前设计蓝图，旨在对教师的教学具有真正的指导帮助作用，因此不要流于形式，更不要只为应付检查，而应充满自主性和个性，是发挥自我的空间。好的教案是教师心血和智慧的结晶，它留下了教学生涯的印记，成为可回顾的一页页历史，成为在教学征程中探索和成长的足印。

书写教案要写清楚以下几项内容：

1. 授课题目

本节课的课题。

2. 授课时间

按教学进度所规定的时间。

3. 课型

本节是新授课、练习课（复习）还是习作指导、讲评等。

4. 教学目标

根据课标与教材内容，并结合学生实际来确定一节课的教学目标。

写教学目标应包括三方面内容：一是基础知识和技能应达到的程度；二是有关学生思维能力方面的培养；三是对有关思想情感的渗透。

5. 教学重点和难点

根据课标和教学内容，并结合学生实际来确定一节课的重点和难点。

6. 学情分析

根据学生认识水平，分析学生的知识与技能掌握情况。根据学生年龄特点，分析学生情感、态度与价值观等方面的需要情况。

7. 教学方法

简单地说，就是教师授课的方法与手段。

8. 教具、学具的准备

本节课所用的如卡片、小黑板、投影、投影片、录音机、实物等。

9. 教学过程（也叫教学程序）

这是教案书写的重点，也很复杂。

教学程序是教师具体施教的步骤，是教师教学设计的体现，也是教学思想的展示过程。写教学过程应写清以下几点：①写出教学全过程的总体结构设计；②写出教材展开的逻辑顺序、主要环节及过渡衔接；③写出教学重、难点的突破方法以及所采用的教学手段、教学方法。

也可以说主要写清楚创设情景的导入；师生合作的交流；课堂效果的反馈（如设计的练习题）；课堂教学的小结。

10. 板书设计

教案中要单列板书设计，板书要直观精练，易归纳小结，易引导，纲领性强，板书使用合理。

11. 课后反思

新的课程积极倡导教师不仅是课堂的实施者，更是反思性的实践者，学会反思是每个教师职业成长的必经之路。因此，我们积极倡导写好课后反思。而怎样写课后反思，写什么等问题是每一个教师非常关注的问题，在教学反思中，可以围绕以下具体问题进行：一是教材的创造性使用。如教材中有的生活场景的选择，问题情境的创设并不是很贴近学生的生活，不能引起学生共鸣，因此，我们在创造性地使用教材的同时，可以在反思中加以记录。二是教学的不足之处，如小组学习有没有流于形式，有没有关注学生情感、态度、价值观的发展等内容。针对问题找到了哪些解决办法和教学新思路，写出改进策略和教学的新方案。三是学生的独到见解。上课时学生提出了哪些有价值的问题。四是学生的学习是否与教案设计相统一。

写课后反思，追求"短"——短小精悍；"平"——平中见奇；"快"——快捷及时。也可归入自己的资源库，以备不时之需。

由于教材内容、教师水平的差异及教师书写教案的风格不同，以上项目及内容，不可能在每个课时教案中全部体现出来，因此，教案的书写要有一定的灵活性。教案的编写要详略得当，对新教师来说，教案应写得适当详细些，各方面的问题要考虑得周到些。有经验的教师可写得适当简略些。

教学过程这一部分要反映出主要教学内容与步骤，特别要反映出所采用的教学方法。对一些重要问题如何提出，如何启发学生，如何使用课堂教学语言等，必须经过精心考虑后写在教案上。

写好教案后，可以通过试讲或默讲来进一步熟练掌握教学方法，反复揣摩表达方式，使教学臻于完美。这样才能达到"教案讲稿化，上课脱稿化"的境界与层次。

第三节 课堂教学艺术

一、课堂教学艺术的涵义

课堂教学艺术是一种特殊的实践艺术、过程艺术。课堂教学是一门艺术，是一种创造性的劳动。一名教师要真正做到"传道有术、授业有方、解惑有法"，课堂教学就会产生事半功倍的效果，让学生在轻松、愉快的氛围中掌握知识，从而尽可能充分提高课堂教学的质量。

（一）从教学的主体来看，教学是一门艺术

教学是教师与学生的双向活动。教学的主体包括教师和学生，他们都在从事社会实践活动，都在进行艺术创造，表现自己的艺术天赋。现代生理学和心理学已经用充分的科学资料证明，人的生理结构不仅有真和善的功能，而且有美的功能；人的心理结构不但有真和善的因素，而且有美的因素。人的审美特征和艺术天赋使人的一切活动具有艺术性的本源。所以，苏联著名教育家苏霍姆林斯基集丰富的教学经验和深厚的教学理论于一身，从理论与实践的结合上指出："教学和教育过程有三个源泉——科学、技巧和艺术。"

教师和学生分别是受过和正在受专门教育的人，他们本身的审美特性和艺术天赋已经得到开发，即学生对教师的言表具有审美观，而教师对科学的表达要有艺术性，也就是要幽默、诙谐、生动、有趣。教师和学生在作为完整的人进行"教"和"学"时，参与其中的不仅有真的因素、善的因素，使教学具有科学性和教育性，还有美的因素，使教学具有艺术性。

（二）从教学活动来看，教学是一门艺术

高尔基有一句名言，即"人按其本性来说，就是艺术家"。这里的人，是指从事社会实践活动的一切人。而作为艺术家的人，必然在其活动中进行艺术的创造。教学作为人类最高级的实践活动，是科学技术和文化知识的生产和再生产的过程，是培养人、塑造人的特殊实践。在教学过程中的一举一动，无一不体现着教师和学生发挥自己聪明才智和艺术创造天赋。而一切审美和艺术都表现在教学过程之中，如教学语言、板书、问答、课外辅导等。在这个过程中，教师追求艺术的创造效果，学生渴望从听课中得到艺术的享受和表现。按照美的规律教学已成为教学主体追求的主要目标之一。近年来涌现出许多杰出的教学艺术创造者就是最好的证明。如李燕杰的演讲式教学艺术具有强烈的鼓舞

和震撼力，像强劲的磁石吸引着学生，使他们在教学的艺术中享受到深刻的教育；再如任小艾充满爱的教学艺术，以其富有情感的感染力，使学生好学、乐学、爱学，并从中得到美的享受。所以，教学过程在本质上有审美和艺术的创造。这是教学作为一门艺术的又一根源。

（三）从教学内容看，教学是一门艺术

教学内容，无论是自然科学还是社会科学，都是真、善、美的统一，包含审美因素，具有艺术性。从教学实践来看，教学艺术则是其中一个不可缺少的因素。要把教学科学理论应用于具有不同特点要求的教学实践，就离不开艺术。所谓"运用之妙，存乎一心"，讲的就是这一点。因此，完全可以说，教学艺术是连接教学科学与实践的桥梁。所以，进行教学艺术的研究对于教学理论建设和教学实践改革，都是十分必要的和有价值的。

二、课堂教学艺术的本质特征

关于课堂教学艺术的本质特征，人们有多种不同的认识与理解，归纳起来大致有以下七种观点。

（一）乐学说

这种观点把教学的效果——使学生会学、善学、乐学看作课堂教学艺术的本质。即快乐教育是教学艺术的真谛与精髓。快乐教育技巧达到炉火纯青的层次，才能说是实现了课堂教学艺术。

（二）激励说

这种观点认为，教学艺术的激励功能是教学艺术的本质。德国教育家第斯多惠认为，"教学的艺术不在于传授的本领，而在于激励、唤醒、鼓舞"。甚至有的教育家说，教育者同自己的教育对象的每一次接触都能激发他们的心灵热情，这件工作做得愈细致，愈有感情，从孩子心灵深处涌出的力量便愈大，他们便在愈大的范围内复现教师自身的形象。

（三）技巧说

这种观点把教学技能看作教学艺术的本质。认为"所谓教学艺术就是培养人才的能取得最佳效果的一整套娴熟的教学技能技巧"。

（四）规律说

这种观点把依据教学的固有规律，并结合自己的发挥、创造，灵活运用教学方法来

组织教学看作教学艺术的本质。

（五）创造说

这种观点把教学工作的创造性特征看作教学艺术的本质。教师之所以称为艺术家，是因为教师的劳动本身就是创作，而且比艺术家的创作更富有创造性。

（六）审美说

这种观点把教学的审美看作课堂教学艺术的本质。他们认为，所谓现代教学艺术，是指遵循美的规律，贯彻美的原则而进行的创造性教学。

（七）表演说

这种观点把教学艺术看作一种表演行为。认为教学是一种独具特色的表演艺术，它区别于其他任何表演艺术，这是由教师与那些观看表演的人的关系所决定的。

教学作为一种艺术，是一门综合艺术，其中既包括运用教学方法的技能技巧，也包括遵循艺术的一般审美原则进行的审美教育活动，还包括体现教师个性而独具特色的艺术创造性活动。教学过程是一个视觉、听觉、触觉、运动参与的多样性活动，其中融合了多种艺术手段，如语言艺术、体态艺术、色彩艺术、音响艺术、节奏艺术、启发艺术、引导艺术等。概括地说，课堂教学艺术就是在教师遵循教学规律和艺术审美原则，为取得当时条件下最优化的教学效果，综合运用一整套娴熟的教学手段、方法与技巧而进行的卓有成效的创造性教学实践活动。其本质特性在于求实、求活、求美、求趣、求新、求效。

求实，是指要遵循教学的基本规律和教学最优化的原则，并结合自己的特点、学生的实际来进行教学。没有教学的合规律性和合个性，就没有教学艺术的创造性、表演性和审美性。只有教学的合规律性和合个性相统一，教学才能成为引人注目、令人为之倾倒的艺术品，教师才能成为受人钦佩的教学艺术家。

求活，是指要注意运用各种教育教学手段、方法和技巧来丰富课堂教学，提高教育教学的质量与效益。教学艺术是在科学的再现求实中，师生对特定的教学内容进行活化，以达到科学再现与艺术表现的完美统一。

求美，是指要注意对学生进行审美教育，培养他们积极向上的审美意识和情趣，使他们全面、和谐、健康地发展。就是说，教学艺术是通过诱发和增强学生的审美感以提高教学效果的手段，这种手段的运用能使学生在有益身心健康的积极愉快的求知气氛中，获得知识的营养和美的享受。

求趣，是指要想方设法激发学生的学习兴趣，让学生对你所教的课程，变被动学习为主动学习，教育的艺术是使学生喜欢你所教的东西。

求新，是指要注意在学习别人教学艺术的基础上，发挥自己的聪明才智，进行创新与发展，显现自己鲜明的教学个性。只有做到这一点，才称得上掌握教学艺术。创造是一切艺术的特质，没有创造也就无所谓艺术。这些创造或表现为对常规的、传统的教学模式的突破而代之以各种革新；或表现为对课堂结构的新颖而独到的设计；或表现为对学生积极向上的心理塑造；或表现为对教学内容的熟练把握和驾驭……总之，要充分显现自己独特的、新颖的、个性的东西。

求效。衡量教学艺术最终要看两条：一是看教学效果，二是看时间消耗。即在规定时间内取得一般教师所不能取得的教学效益。

三、课堂教学艺术的特点

俄国教育家乌申斯基说："教育是一切艺术中最广泛、最复杂、最崇高和最必要的艺术。"课堂教学艺术具有以下明显特点：

（一）形象性

形象性是课堂教学艺术最基本的特点，是指教师在课堂中的行为，是一切外观行为的综合表演，即教师的衣着打扮、授课态度、身姿动作、实验操作、口语板书等，并借助语言、表情、动作、直观事物、绘画及音响等手段，对讲授的内容进行形象的描绘，把抽象的理论形象化，变为学生易于接受的知识。

教学科学主要运用严密的逻辑来达到教学目的，教学艺术则主要运用生动、鲜明、具体的形象来达到教学目的。其中，教师语言的形象性最为重要，通过比喻、类比，可使学生立得要领、茅塞顿开、透彻理解。

形象性主要表现在以下几点：一是运用形象化语言来讲解知识，包括概念、定理等，使学生通过具体的感性形象思维活动来把握抽象的理性知识。如通过给学生讲述贝多芬的生平故事来讲解贝多芬的乐曲等。二是运用绘画、素描、图表等板书手段来解释知识，使学生准确有效地把握各种复杂的关系。如通过让学生在黑板上自填音符的方法让学生在自己的试唱中掌握某一支乐曲的流畅性和高潮。三是运用电视、电影等手段来辅助教学，使学生通过视听艺术形象地学习和掌握知识。如通过让学生反复听国歌来体会国歌中的教育意义，配合音乐声调的抑扬顿挫来理解歌词的深刻含义，就十分形象和生动了。

（二）情感性

教学艺术主要运用的是情感，以情动人。教学的情感性和教育性是紧密结合在一起的，教师的情感与学生的学习成绩之间呈明显的正比例关系。教学科学主要运用理性，以理服人；而教学艺术则是运用情感，以情感人。

心理学研究表明，情感性教学比单纯的知识性教学效果好得多。运用情感手段来达到教学目的可以表现在教学的各个方面或环节中。例如，创设情感教学的环境和气氛，使学生及师生之间感情融洽和谐，容易产生共鸣。教师所表现的热情、乐观、友善和满面春风的教态与表现出的冷漠、忧郁、严厉和满面愁云的教态相比，其教学效果是不一样的。再如，语文、音乐、历史等学科中，本来就包含着丰富的情感内容，如果挖掘、转化得好，对学生便有强烈的感染和激发作用。所以，艺术性教学水平高的教师都表现出情感性教态，创设富有感情的情境，通过挖掘教学内容中的情感因素，把学生置于一种情感激发和陶冶的气氛中，使之为其所感、为之所动，进而转化为强烈的学习动机，以获得良好的教学效果。

（三）创造性

创造性是一切艺术的生命，也是教学艺术的突出特点。没有创造，就没有教学艺术。教学艺术的创造性表现在备课钻研教材时创造性地思考，创造性地设计教学实施方案，教学方案组织实施的创造性。

教师的劳动本身就是创作，而且比艺术家的创作更富有创造性。教学艺术特别要求具有求异性和独创性。在教学实践中，具有教学艺术素养的教师，其教学与别人小同而大异，具有自己独特的风格和特色。教学艺术中的创造性，除了具有求异性和独创性以外，还应具有应变性，及时、巧妙、灵活地处理教学中事先未意料到的偶发事件。

"应变"是教师一切创造中较复杂的创造之一，是教学智慧和机智的艺术结晶。它限时、限地、限情境地要求撞击教师创造性灵感的火花。这不仅要求教师要有高度的艺术修养，还要具备创造性的思维品质。是否具有"应变"的创造才华，是区别"平庸教书匠"和创造性教师的重要尺度。

（四）审美性

审美性是教学艺术最突出的特点。教学艺术的审美性表现在教学设计的美、教学过程的美、教学语言的美、教态的美、板书的美等方面。

教学设计的美表现为教学计划、方案新颖，别具一格而又具有可行性，富有成效。教学过程的美表现在整个教学过程自然流畅，起（开始）能引人兴趣；承（上下衔接）能环环紧扣，别具匠心；转（转化）能自然畅达，波澜起伏，引人入胜；合（结尾）能令人茅塞顿开，豁然开朗，或者余味无穷，发人深思。

教学语言的美表现为生动形象、言简意赅、精确明快、富有情感。教态的美表现为衣着打扮美观大方，仪态端庄，态度真诚、热情，举止潇洒、自然等。

板书的美表现为布局设计比例协调，对比鲜明，有系统而又重点、难点突出，书写规范而且漂亮、工整等。

必须明确指出，在教学艺术中，审美仅仅是手段，是从属于教学效益，并以教学效益为取舍标准。

（五）即兴性

"即兴性"原为一般艺术中的术语，指艺术创作中不事先酝酿、排练、准备等，临近现场发挥，随兴致灵活表演，产生出人意料的艺术效果。教师在教学中犹如演员进入艺术创作的角色，在此过程中随自己的情感、直觉、兴致、灵感等产生的作用而表现出相应的即兴发挥，这种即兴发挥不在原教学设计和方案之内，但顺乎教学情境之自然或必然，有锦上添花之功效。此外，教学艺术的即兴性还表现在处理教学中产生的突发性问题上，比如，学生提出了意外的问题，对这些问题恰当而迅速地回答，便是一种即兴的发挥。值得说明的是，教学的即兴性与教学中的计划性并不矛盾，因为即使再周密的教学计划，运用或执行起来也需要有灵活性和创造性。这种有计划又不拘泥于计划，善于创造，就是教学艺术的即兴性特点。

可见，教学的艺术特点表明教学不仅是对知识的传授，还是对艺术的享受，它是教学过程在更高层次上的体会。把握教学艺术的特点，是我们了解和运用教学艺术的关键。

四、课堂教学艺术与教学模式

课堂教学艺术是在教学方法上，永远会有那么一种只能称之为艺术的部分，它是每一位教师经过长期摸索，反复试行才获得的结果。教学艺术应该是建立在对教学原则、教学方法、教学手段自由的、创造性的应用之上的。它追求的是科学性与艺术性的统一。

"模式"一词是教育学从现代科学技术中借用过来的，是想说明在一定的教学思想和理论指导下所建立起来的各种类型教学活动的基本框架或结构。概括地说，教学模式是指在一定教学思想、教学理论指导下，经过长期实践建立起来的各种教学活动的基本结构，它是教学艺术的基础，是沟通教学理论与实践的中介和桥梁。

中外教育史上有许许多多不同的教学模式，其中对我国教育影响较大的有：

（一）赫尔巴特教学模式

德国教育家、心理学家赫尔巴特把教学过程理解为在教师的引导下，学生的观念积极活动的过程。他认为，教学只有在儿童已有的经验（统觉理论）的基础上，才能得以顺利进行。"没有经验任何事物的儿童，是不能接受教学的。"统觉过程的完成大体上具有三个环节：感官的刺激、新旧观念的分析与联合、统觉团的形成。为此，他把教学活动分为"明了、联合、系统、方法"四个主要阶段，被称之为"四步教学法"。与此四个阶段相对应，学生的心理状态（或称兴趣状态）也可分为"注意、期待、探究、行动"。他认为，教学过程应通过静态和动态的"专心活动"以及静态和动态的"审思活动"这两个环节实现。

"四段教学法"转变为"五段教学法"：戚勒把"明了"一步分为"分析"和"综合"两步，其余仍为三步（与赫尔巴特相同），而成为"五段教学法"。戚勒的弟子来因认为威勒所用的名称不当，改五段的名称为预备、提示、比较或联想、总结、应用。这就是现在所谓的"五段教学法"。

五段教学法包括：预备——唤起有关的旧观念，以引起对新知识的兴趣；提示——讲授新教材；联想（比较与联想）——对新旧知识进行分析比较，使之建立联系；总结——得出结论、定义或法则；应用——运用得出的概念或法则解答课题或练习。这个学派试图把教学阶段建立在心理学的基础上，使教学能按照合理的步骤进行。

（二）杜威教学模式

教育家杜威在教学论方面的主要思想是做中学，即要从儿童的实际生活出发，提出能够引起儿童主动关注的问题，在解决问题的过程中学习知识。杜威认为，学校过分重视学生积累和获得知识资料，以便在课堂问答和考试时照搬，知识常常被视为目的本身，于是学生的目标就是堆积知识，需要时炫耀一番。但是学生对于在课堂上所学的抽象的、遥远的、冷漠的知识没有好感，也没有真正理解这些知识所包含的意义。学习的材料与儿童的生活情境相脱离，使得学校成为束缚儿童思维的地方。做中学就是要像儿童在现实生活中学习知识的方式学习。儿童虽然缺乏知识，但是他们在自己的生活中经常会遇到疑难问题，这时候他们就像科学家一样，高度关注面临的问题，调动一切积极性，去努力解决。在这个过程中，儿童增加了经验，理解了意义，获得了知识。在熟悉的环境里学习，所学习的东西就能产生意义的理解，而不是像现在制度化的分门别类的课程那样与实际的生活经验相隔离，只是一些抽象知识的灌输，缺乏意义的理解。

以"做中学"为理论基础，杜威倡导问题解决教学模式。所谓问题解决教学模式，就是引导学生运用智慧去探究或探索，以解决问题的一种方法。问题教学法的价值在于，一方面，可以避免传统教育灌输教材的方法；另一方面，学生可以在解决问题的过程中获得真知。

杜威认为，科学家解决问题的过程从本质上是一个试图达到理智决定的过程，这个过程可以概括为五个步骤。与之相对应，在课堂教学的实践中也有五个步骤。分别是：①学生必须意识到一个问题。②在学生意识到问题以后，他必须随着探索并清楚地界定这个问题。③一旦对情景做过透彻的检查和分析，就会产生诸如一个人原先进行的活动怎样才能继续下去和怎样将原先的活动改造为比较适当的形式等提示。④学生要推论出这些提示的含义。他要在头脑中想象，如果按每一个提示去行动，那么其结果是什么。⑤最后，他要对通过活动最可能实现他目的的提示、假设或理论加以检验。

从思维过程的五个步骤到教学过程的五个步骤，杜威倡导问题教学法，意在培养学生的思维能力。

（三）皮亚杰教学模式

皮亚杰是瑞士著名心理学家和认识论专家。他的思想十分丰富，可以简略地归纳为以下几点：①智慧的本质是适应，个体在适应环境中是能动的；②适应是通过认知结构的同化和顺应这两种机能来实现的；③认知结构是人的活动（动作结构）的内化的产物；④认识就是活动进行的建构过程；⑤建构分四个阶段，即感知运动阶段、前运算阶段、具体运算阶段和形式运算阶段，每个阶段各有其发展任务和内容；⑥影响发展的因素是多方面的，一是成熟水平，二是经验环境，三是社会交往，四是平衡能力；⑦同化—顺应，平衡是儿童智慧发展的内在机制。

皮亚杰的这些理论对教育学有十分重要的启发意义。要充分肯定学生在教学过程中的主体地位。他将行为主义的"刺激—反应"公式改为"刺激—结构同化—反应"公式，原因就是他认为儿童具有能动性，要特别注重儿童活动。他认为人们认识形成主要是一种活动的内化作用，即主体对客体的行动。

有人根据这些理论设计了一些皮亚杰的教学方案："探究—研讨法"。具体操作程序：感知—表象—符号—应用。其中外部模仿和内部知觉共同形成表象，这种表象是实际动作在头脑中的内部的符号缩影。还有人提出了"探究—发明—应用"的三阶段学习循环论。

（四）布鲁姆掌握学习模式

布鲁姆在20世纪70年代创立的"掌握学习"教学理论，对教学有很大影响。"掌握学习"教学模式，采取班级教学和个别辅导相结合的方式，以班级教学为基础，辅之以经常、及时的反馈，提供学生所需要的个别帮助和所需额外的学习时间。许多国家，包括我国，也进行了这一教学模式的实验。

掌握学习教学模式基于以下的教学理论：95%以上的学生在学习能力、学习速率、学习动机方面，并无大的差异；产生学生学习差异的主要因素不是遗传或智力，而是家庭与学校的环境条件；如果大多数学生都有足够的学习时间，接受了合适的教学，就能掌握世界上任何能够学会的东西；教育的根本任务是找到既考虑个别差异又能促进个体充分发展的策略。

掌握学习的目标是：发挥学生的学习潜力和学习积极性，使大多数学生掌握教材所规定的知识技能，取得优良的成绩。

掌握学习教学活动的实施步骤如下：①详细规定长期目标，把最主要、最基本、具有较大潜在迁移性或应用价值的目标定为掌握目标，把其他目标作为一般了解目标。根据目标编制期末终结性测验，评定学生学习成绩的覆盖面及评价学习的质量。②把课程分解为一系列学习单元（每单元1~2周）。制定单元教学目标。针对单元目标编制简短的形成性测验，诊断学生在本单元学习内容广度和深度上的掌握情况。③设计单元掌握学习计划，帮助学生达到单元教学目标。同时设计有效的反馈—矫正计划，利用形成性测验提供的反馈信息，提供选择的教学材料及各种形式的学习活动（如提供不同的教科书、视听材料，教师个别辅导，学生讨论，相互帮助等），帮助未掌握者矫正学习中的差错。同时设计已掌握者的活动，可以让他们成为未掌握者的教师，或自学或从事其他学科的活动，或非学术性活动（如消遣性阅读），充实有关课外知识，深化本学科的学习。一般每个单元进行 1~2 周。

掌握学习教学模式具有如下特点：一是不改变学校和班级组织，在普通的学年制班级里实施。既进行集体教学，又针对个别情况进行反馈—矫正。一定程度上解决了集体教学与个别需要之间的矛盾。二是教学评价贯穿于教学过程。通过形成性测验，可以使学生确认自己完成教学目标的情况，及时调整学习活动。已达到目标的学生，可以产生成功的满足感，更积极地参与下一单元的学习；未达标的学生可以了解自己有哪些基础知识或能力未能掌握，明确努力方向，进行矫正。三是教师认为所有学生都能学好功课的信念，对学生学业成功的期望，对增强学生学习自信心，激发学生学习动机，起促进作用。

运用掌握学习教学模式，要求每一单元教学，都要有形成性测试题和再次形成性测试题，同时对未掌握者要分别安排矫正或其他活动，使之都能有所收获和提高。所以，教师要付出更多的时间和辛劳。

（五）斯金纳程序教学模式

斯金纳是著名的教学心理学家。他通过动物实验建立了操作行为主义的学习理论，并据此提出了程序教学论及其教学模式，曾给 20 世纪 50 年代的中小学教育带来了广泛影响。

斯金纳程序教学模式教学原则是：首先，要仔细地考虑在特定的时间里计划教学的内容是什么，这些教学内容最终是要通过学生的行为的获得来表示的。其次，要考虑有哪些可以利用的强化物。这种强化物包括两种：一种是学习者在学习过程中对所操纵的材料具有强烈的兴趣性；另一种是在学习过程中给予学生奖励，譬如教师的一个善意的微笑、一句肯定的赞语、一件奖品等；还有一种，强化的最有效的安排，即教师要把非常复杂的行为模式逐渐精致地做成小的单位或步骤，也就是把教学目标进行具体分解，确定每个步骤所保持行为的强度，以使强化的效果能提高到最大限度。编制程序学习的流程，一般要遵循以下几个原则：

1. 积极反应原则

一个程序教学过程，必须使学生始终处于一种积极学习的状态。也就是说，在教学中使学生产生一个反应，然后给予强化或奖励，以巩固这个反应，并促使学习者做进一步反应。

2. 小步子原则

程序教学所呈示的教材是被分解成一步一步的，前一步的学习为后一步的学习做铺垫，后一步学习在前一步学习后进行。由于两个步子之间的难度相差很小，所以学习者的学习很容易得到成功，并建立起自信。

3. 即时反馈原则

程序教学特别强调即时反馈，即让学生立即知道自己的答案正确，这是树立信心、保持行为的有效措施。一个学生对第一步（学习的前一个问题）能做出正确的反应（回答），便可立即呈示第二步（第二个问题），这种呈示本身便是一种反馈：告诉学生，你已经掌握了第一步，可以展开第二步的学习了。

4. 自定步调原则

程序教学允许学习者按个人自己的情况来确定掌握材料的速度。这与传统教学在课堂传授中一般以"中等"水平的学习者为参照点的教学法不同，传统教学法使掌握快的学生被拖住，而学习慢的学生又跟不上，致使班级学生之间学习水平差距越来越大。程序教学法相对显得比较"合理"，每个学生可以按自己最适宜的速度进行学习。由于有自己的思考时机，学习较容易成功。程序教学的设计当然要按照教材内部的逻辑程序，既要保证学习者在学习中把错误率减少到最低限度，又要合理地设计教材，使每一个问题（每一小步）都能体现教材的逻辑价值。

（六）合作教学模式

这种教学模式以苏联的"合作教育学"为思想基础，是以尊重学生的个性，深刻体现人道主义精神为宗旨的教学模式，其主要特点是师生之间建立相互信任、相互尊重的合作关系。这一模式的目标是形成儿童良好的个性，使他们的精神力量得到充分发挥。

研究者认为，合作学习之所以能够使教学和学习取得成功，有三个原因：第一，在合作学习的情境中，学生所接受的帮助不仅来自教师，也会来自同伴，而同伴的帮助对学习是一种非常有效的支持；第二，同伴更可能为那些需要帮助的同学提供学习方面的社会性支持，如鼓励、表扬，而那些学习"偷懒"的学生也会更多地受到别人的监督和批评；第三，与仅仅接受教师的讲解相比，合作学习中还有同学的"互教"和讨论，这样会加深、拓展学习的深度和广度。

（七）集体授课教学模式

集体授课教学模式是通过讲授、谈话、板书、演示或其他媒体向一定规模的学生群传递教学信息的教学形式。既可在教室中，也可在其他场合进行；可以是教师对学生的面授，也可以通过广播、电视、电影等媒体间接传授，或者将面授与媒体相结合。均由教师在一定时间间隔内单向传递教学信息，学生处于接受学习的状态。学生群人数较少时，可有一定程度的双向交流。这种教学形式由于能同时面对大量学生，并在规定时间内呈现较多信息，成本低、效率高，又为师生所熟悉和容易接受，至今仍为许多国家普遍运用。

（八）自主学习循环模式

这是由齐莫曼等人于 20 世纪 90 年代开发的一种教学模式。认为培养学生的自主学习能力,教师必须转换自己在传统课堂上所扮演的角色,应该让学生对学习进行自我监控,要求学生以个人或小组的方式分析自己的学习材料,应帮助学生学会设置合适的学习目标、选择相应的学习策略。强调学生应用具体的方法激励和指导自己的学习。

（九）传递—接受式教学模式

该教学模式源于赫尔巴特的四段教学法,后来由苏联凯洛夫等人进行改造传入我国。很多教师在教学中自觉不自觉地都用这种方法教学。该模式以传授系统知识、培养基本技能为目标。其着眼点在于充分挖掘人的记忆力、推理能力与间接经验在掌握知识方面的作用,使学生比较快速有效地掌握更多的信息量。该模式强调教师的指导作用,认为知识是教师到学生的一种单向传递的作用,非常注重教师的权威性。

该模式教学的基本程序是:复习旧课—激发学习动机—讲授新课—巩固练习—检查评价—间隔性复习。

复习旧课是为了强化记忆、加深理解、加强知识之间的相互联系和对知识进行系统整理。激发学习动机是根据新课的内容,设置一定情境和引入活动,激发学生的学习兴趣。讲授新课是教学的核心,在这个过程中主要以教师的讲授和指导为主,学生一般要遵守纪律,跟着教师的教学节奏,按部就班地完成教师布置给他们的任务。巩固练习是学生在课堂上对新学的知识进行运用和练习解决问题的过程。检查评价是通过学生的课堂和家庭作业来检查学生对新知识的掌握情况。间隔性复习是为了强化记忆和加深理解。

（十）自学—辅导式教学模式

自学—辅导式的教学模式是在教师的指导下自己独立进行学习的模式。这种教学模式能够培养学生的独立思考能力,在教学实践中也有很多教师在运用它。

自学—辅导式的教学程序是:自学—讨论—启发—总结—练习巩固。教师在教学中根据学生的最近发展区,布置一些有关新教学内容的学习任务组织学生自学,在自学之后让学生之间交流讨论,发现他们所遇到的困难,然后教师根据这些情况对学生进行点拨和启发,总结出规律,再组织学生进行练习巩固。

（十一）探究式教学模式

探究式教学以问题解决为中心,注重学生的独立活动,着眼于学生的思维能力的培养。探究式教学的基本程序是:问题—假设—推理—验证—总结提高。首先创设一定的问题情境提出问题,然后组织学生对问题进行猜想和做假设性的解释,再设计实验进行验证,最后总结规律。

（十二）概念获得教学模式

该模式的目标是使学习者通过体验所学概念的形成过程来培养他们的思维能力。该模式主要反映了认知心理学的观点，强调学习是认知结构的组织与重组的观点。

概念获得教学模式的实施步骤：教师选择和界定一个概念→教师确定概念的属性→教师准备选择肯定和否定的例子→将学生导入概念化过程→呈现例子→学生概括并定义→提供更多的例子→进一步研讨并形成正确概念→概念的运用与拓展。

（十三）巴特勒学习模式

20世纪70年代，教育心理学家巴特勒提出教学的七要素，并提出"七段"教学论，在国际上影响很大。基本教学程序是：设置情境→激发动机→组织教学→应用新知→检测评价→重复练习→拓展与迁移。

教学七步骤中的情境是指学习的内外部的各种情况，内部情况是学生的认知特点，外部情况是指学习环境，它的组成要素有：个别差异、元认知、环境因子。动机是学习新知识的各种诱因，它的主要构成要素有：情绪感受、注意、区分、意向。组织是将新知识与旧知识相互关联起来，它的主要构成要素有：相互联系、联想、构思、建立模型。应用是对新知识的初步尝试，它的构成要素有：参与、尝试、体验、结果。评价是对新知识初步尝试使用之后的评定，它的组成要素有：告知、比较、赋予价值、选择。重复是练习与巩固的过程，它的主要组成要素有：强化、练习、形成习惯、常规、记忆、遗忘。拓展是把新知识迁移到其他情境中去，它的构成要素有延伸、迁移、转换、系统、综合。

（十四）抛锚式教学模式

这种教学模式要求建立在有感染力的真实事件或真实问题的基础上。确定这类真实事件或问题被形象地比喻为"抛锚"，因为一旦这类事件或问题被确定了，整个教学内容和教学进程也就被确定了。

抛锚式教学模式由以下几个环节组成：

1. 创设情境

使学习能在和现实情况基本一致或相类似的情境中发生。

2. 确定问题

在上述情境下，选择出与当前学习主题密切相关的真实性事件或问题作为学习的中心内容。选出的事件或问题就是"锚"，这一环节的作用就是"抛锚"。

3. 自主学习

不是由教师直接告诉学生应当如何去解决面临的问题，而是由教师向学生提供解决该问题的有关线索，并特别注意发展学生的"自主学习"能力。

4.协作学习

讨论、交流，通过不同观点的交锋，补充、修正、加深每个学生对当前问题的理解。

5.效果评价

由于抛锚式教学的学习过程就是解决问题的过程，该过程可以直接反映出学生的学习效果。因此对这种教学效果的评价不需要进行独立于教学过程的专门测验，只须在学习过程中随时观察并记录学生的表现即可。

（十五）范例教学模式

范例教学的基本过程是：范例性地阐明"个"案—范例性地阐明"类"案—范例性地掌握规律原理—掌握规律原理的方法论意义—规律原理运用训练。

范例教学主张选取蕴含本质因素、根本因素、基础因素的典型案例，通过对范例的研究，使学生从个别到一般，从具体到抽象，从认识到实践理解、掌握带有普遍性的规律、原理的模式。所谓范例性地阐明"个"案，指用典型事实和现象为例说明事物的本质特征；所谓范例性地阐明"类"案，是指用许多在本质上与"个"案一致的事实和现象来阐明事物的本质特征；范例性地掌握规律原理是指从大量的"类"案中总结出规律和原理，在总结归纳的过程中，要注意对规律或原理的表述要准确，对规律原理的名称要清楚；掌握规律原理的目的和意义在于运用，因而教师要让学生掌握规律、原理的方法论意义；为了了解学生对规律和原理的掌握程度，从而获得反馈信息，规律原理的运用训练是教学必不可少的环节。

范例教学的教育原则：从个别入手，归纳成类，再从类入手，提炼本质特征，最后上升到规律与原理。

（十六）现象分析模式

现象分析模式的基本教学程序是：出示现象—解释现象的形成原因—现象的结果分析—解决方法分析。在教学中，某种现象往往是以材料的形式出现的，学生要能通过现象揭示其背后的本质。

现象分析模式的教育原则是，现象能够反映本质规律，创设民主环境，充分发挥学生的主体性，让他们进行解释说明。

第五章 小学教学工作的精细化管理

实施精细化管理是教学管理深化改革的要求，也是管理水平提升的必然选择。通过教学精细化管理，旨在规范教学工作，提高教学质量，发展素质教育，减轻学生的学业负担，让每一位学生快乐地成长。

第一节 课程的精细化管理

课程是学生所应学习的学科总和及其进程与安排。广义的课程是指学校为实现培养目标而选择的教育内容及其进程的总和，它包括学校教师所教授的各门学科和有目的、有计划的教育活动。狭义的课程是指某一门学科，课程即教材，课程内容历来被作为要学生习得的知识来对待，而知识的传递是以教材为依据的。

一、课程的类型

目前，我国课程改革的理论与实践工作者由于存在着思维方式和判别维度上的差别，课程类别也是多种多样的。在当前课程概念层出不穷的情况下，对课程进行科学、合理的分类，必将有助于我国课程理论与课程实践的对话与互动，也必将对现行的课程改革有所裨益。

（一）从知识组织形式的维度上分类

在知识的组织形式上，有综合课程与分科课程两类说法，这也是一种比较典型的、用二分法思维方式对课程进行分类的方法。综合课程是指运用两种或两种以上学科的知识观和方法论来考察和探究世界知识的课程。分科课程则是一种单学科的知识组织模式，它强调不同学科门类之间的相对独立性，强调一门学科逻辑体系的完整性。但是我们又不能简单地把分科课程与学科课程等同起来，综合课程与分科课程的知识组织形式之间既存在差别又有内在的必然联系。综合课程是在当今世界知识急剧更新、学科门类与交叉学科不断增多和学科知识不断分化后的一个必然结果，同时又是人们解决世界出现的诸多新问题，认识新现象的自然产物。综合课程与分科课程是相互依赖、相互作用，功能互补的两种课程。

（二）从课程行政管理的维度上分类

从行政管理的维度分为国家课程、地方课程和学校课程。国家课程亦称"国家统一课程"，它是自上而下由中央政府负责编制、实施和评价的课程。地方课程是在实施国家课程的基础上，依据教育部颁发的《地方课程管理与开发指南》和本地区的实际需要来编制和管理地方课程。学校在执行国家课程和地方课程的基础上，依据教育部颁发的《学校课程管理与开发指南》，可从本校的传统与优势来开发并管理本校的课程，但必须经上级主管部门批准。对于三级课程管理的含义与实质要正确理解，它不仅要求课程管理权限应当分级，更重要的是，下一级课程对上一级课程必须坚决执行，同时又要创造性地自主开发。

（三）从课程开发理念的维度上分类

由于课程在实现学校教育价值中的关键作用，所以课程开发一般都拘泥于相应的教育理念，它受特定的社会文化、政治、经济背景的影响。因此，从这个维度上看，课程又可分为社会本位课程、个人本位课程和学校本位课程三种形式。社会本位课程是以解决社会生活问题为课程价值取向的开发理念，学校在选择与制定课程目标与标准时强调社会利益的至高性，个人的发展应服从于社会秩序与社会发展。个人本位课程是以学生或个人的发展为基本课程价值取向的开发理念，学校在开发课程时突出个体的经验性与个体发展的合法性，强调只有在个人的发展基础上，社会利益才可以得以维系。学校本位课程实质上是社会本位课程与个人本位课程开发理念相互妥协的产物，指的是学校在代表社会和个人整合利益的基础上开发的课程。

（四）从课程形态的维度上分类

从课程形态的角度上看，课程分为原始课程、艺术课程、学科课程和经验课程四种形态。原始课程是人类社会初期，当人们认识世界所积累的知识还处在混沌状态时的一种课程表现形式，课程的实施主要是通过长辈向晚辈传授生产、生活的经验来进行。艺术课程是人类逐渐进入文明时代以后追求精神生活的一种教育价值的体现，它对知识的组织已经倾向于系统化和组织化。学科课程是历史进步到一定阶段的产物，人类探究世界的视野逐渐切入自然界、社会以及自我意识的深层结构，试图运用分析的、演绎的方法，把自然界、社会和主观世界分解成不同的部分，然后通过探析知识的不同组成部分达到认识世界的目的。经验课程又称活动课程。它是建立在实用主义哲学下的一种课程形态，强调活动与经验在学生的知识形成中的关键作用，对学科课程是一种历史的超越。

（五）从课程思潮的维度上分类

不同的课程思潮体现了不同历史与文化背景下的课程价值观，它深刻影响着课程改革与发展的基本取向。当代课程思潮大致存在以下几种基本类型：政治课程、种族课程、性别课程、现象学课程、后现代课程、传记性课程、美学课程、神学课程、生态学课程以及全球化课程等。

二、课程标准

课程标准是指学生在经过一段时间的学习后应该知道什么和能做什么的界定和表述，实际上反映了对学生学习结果的期望。课程标准通常包括了几种具有内在关联的标准，主要有内容标准（划定学习领域）和表现标准（规定学生在某领域应达到的水平）等，是规定某一学科的课程性质、课程目标、内容目标、实施建议的教学指导性文件。课程标准与教学大纲相比，在课程的基本理念、课程目标、课程实施建议等几部分阐述得更详细、明确，特别是提出了面向全体学生的学习基本要求。

国家课程标准是教材编写、教学、评估和考试命题的依据，是国家管理和评价课程的基础，体现国家对不同阶段的学生在知识与技能、过程与方法、情感态度与价值观等方面的基本要求，规定各门课程的性质、目标、内容框架，提出教学和评价建议。

国家课程标准要依据各门课程的特点，结合具体内容，加强德育工作的针对性、实效性和主动性，对学生进行爱国主义、集体主义和社会主义教育，加强中华民族优良传统和国防教育，加强思想品质和道德教育，引导学生树立正确的世界观、人生观和价值观。同时，倡导科学精神、科学态度和科学方法，引导学生创新与实践。

每一门学科的课程标准是不同的，但是课程标准的基本结构相似，主要包括前言、课程目标、课程内容、课程实施建议等几部分。

三、课程计划

课程计划也称为教学计划，是课程设置与编排的总体规划，它根据教育目的和学校的培养目标，由教育部制定的有关学校教育教学工作的指导性文件，是对学校的教学和各种教育活动做出的全面安排，具体规定了学校应设置的学科门类及活动，以及它们的开设顺序及课时分配，并对学期、学年、假期进行划分。课程计划体现了国家对学校的统一要求，是办学的基本纲领和主要依据，是编制课程标准和编写教科书的依据，也是督导、评估学校教育教学工作的依据。主要由学科设置、学科顺序、课时分配、学年编制和学周安排等方面构成。

（一）学科设置

小学学科设置大致包括七类：语文、数学等基础科目，外语、计算机等工具科目，思想品德教育科目，社会科学基础知识科目，自然科学基础知识科目，体育、保健、艺术审美科目，劳动技术教育科目。《基础教育课程改革纲要》指出，基础教育课程改革的目标在于构建符合素质教育要求的新的基础教育课程体系，这个体系整体设置九年一贯的义务教育课程，小学阶段以综合课程为主。

小学低年级开设品德与生活、语文、数学、体育、艺术（或音乐、美术）等课程；小学中高年级开设品德与社会、语文、数学、科学、外语、综合实践活动、体育、艺术（或音乐、美术）等课程。

农村学校课程，要为当地社会经济发展服务，在达到国家课程基本要求的同时，可根据现代农业发展和农村产业结构的调整，因地制宜地设置符合当地需要的课程，深化"农科教相结合"和"三教统筹"等项改革，试行通过"绿色证书"教育及其他技术培训获得"双证"的做法。

（二）学科顺序

小学课程体系规定，各门学科既不能齐头并进，也不宜单科独进，应按照规定年限、学科内容、各门学科之间的衔接、学生的发展水平，由易到难，由简到繁，合理安排，使先学的学科为以后学习的学科奠定基础。教育部和地方教育主管部门都有明确规定，学校必须严格执行学科顺序。

（三）课时分配

课时分配包括各门学科授课的总时数，每门学科在各学年（或学期）的授课时数和每周的授课时数等。应根据学科的性质、作用，教科书的分量和难易程度，恰当地分配各门学科的授课时数。

（四）学年编制和学周安排

这一部分主要是指学年阶段的划分，各个学期的教学周数、学生参加各种活动的时间、假期和节日的规定等。

（五）课程计划要遵循的基本原则

首先，保证教育的目的、培养目标的实现。课程计划的制订必须保证使学生在德、智、体、美、劳等诸方面都得到全面、和谐的发展，为其毕业后升入高一级学校深造或参加社会建设打好坚实基础。在课程设置上要体现基础性、全面性、时代性的特点，即在加强基础学科教学的同时，适时地拓宽和更新原有的科目，保持各类学科之间的协调平衡，以全面培养和提高学生各方面的素质，为其成为国家的栋梁之材打好基础。

其次，依据科学的课程理论，以教学为主，合理安排各类课程和各项活动，把学科课程和活动课程、分科课程和综合课程、普通文化课程和职业技术课程等有机地结合起来，根据各类课程和各类活动的地位、作用、特点以及它们之间的内在联系，统筹合理地安排其教学顺序和教学时数，以体现课程结构的完整性。

再次，注意初中、高中教育阶段的相对完整性和衔接性。课程计划的制订考虑初中、高中两个阶段的相对完整性，使每个阶段的学生都能受到比较完整的全面教育，为其顺利就业打好基础。同时，这两个阶段的教育又要相互衔接，在课程设置和教科书内容上，要妥善安排，减少不必要的循环和重复，以保证青少年继续学习和深造。

最后，统一性和灵活性相结合。在制订课程计划时，要考虑地方的特点，允许有因地、因校制宜的部分，具有一定灵活性，适应学生身心发展的规律，同时，还要考虑学生发展的一般特点和个别差异，把统一要求与因材施教结合起来，以使学生的个性得到充分发展。

四、课程的精细化管理

教育部颁发的课程标准、课程计划是学校施教的行动纲领，学校必须严格按照教育部颁发的课程标准、课时计划和教学内容，开全课程，开足课时，确保各学科有足够的专职教师任课，并根据本地特色和学校实际开发校本课程，满足教学需要。

（一）严格执行课程标准和课程计划

学校要遵照国家的要求，严格执行课程计划，按规定开设全部课程，不随意增减课程门类、难度和课时，不增加周课时总量。体育、健康、美术、音乐和信息技术除了开齐上足外，均要配备专业教师上课，从而提高这些课的授课质量。为保证各学科教学质量，学校每周必须安排专人对各学科教师随堂听课、评课，定期进行教研组学习与活动，安排每位教师每学期上一堂公开研讨课，从而不断提高教学质量。

（二）严格按表上课

要认真实施各科教学计划，严格执行按表上课的规定，按时按质完成教学任务。认真上好科学、音乐、美术、体育、品德与生活（社会）等规定性课程，同时要正确对待和认真开展综合实践活动等地方性活动类课程的教学，未经批准，不得随意调课，私自挤占、挪用非本学科的课时。

（三）控制学生在校时间

学校为保证学生有足够的睡眠和休息时间，要严格按照规定和作息时间到校和上课，不准过早到校，放学后要按时离校。严禁放学后全班补课，个别同学的补差工作要在静校前结束。

（四）保证学生体育活动时间

为增强学生的体质，必须认真上好每周的体育课和健康教育课，不得挪作他用。同时，学校加强监督随时听体育教师的课，保证体育课的上课质量。每天上好课间操和眼保健操，以确保两操质量。教师不得拖堂，保证学生课间休息时间。每学期学校必须举行一次全校性的运动会，平时各班结合班会、队会活动，定期组织丰富多彩的体育活动。

（五）控制学生作业总量

学校要按照素质教育规定，制定各学科作业布置与批改的相关制度，严格要求作业量要适当，布置给学生的作业形式要多样，难易要适中，要适合学生实际，并能适合不同层次的要求。习题要精选，体现目的性、针对性、创造性和实践性。在教学设计中，要求教师应详细体现作业设计，设计体现少而精，能突出教学重点，吻合新课程理念，弥补学生知识与能力的不足。不布置机械重复的抄写作业，坚决杜绝变相的"体罚"作业。对于教师布置作业与批改工作，学校每周组织检查，平时结合听随堂课对作业布置与批改进行抽查，并及时做好评价与记录、检查情况，及时总结反馈，纳入教师绩效考核的积分。节假日、双休日不得组织补课。

（六）控制学业检测次数

学校在对学生学业检测方面，按地方教育行政部门规定，结合学校实际，对学生进行期中、期末检测。评价学生采用多种鼓励形式，激发学生的学习兴趣与自信，切实减轻学生的心理压力，使学生能全面发展、健康成长。

（七）加强学生用书管理

建立小学教辅用书的审查、抽查和质量公示制度，以审查和抽查中小学教辅用书。同时，教育管理部门每年向社会公示审查通过及抽查质量低劣的教辅用书。对涉及政治问题、科学性问题以及历史、地理、民族等方面问题的教辅用书，特别是对内容充斥"繁难偏旧""题海"训练的教辅用书坚决予以清理。

对其他学生用书，要进行严格控制。小学中高年级以上的学生除劳动与技术教育、信息技术教育外，每学期最多选择一种地方课程书籍，学校给学生选择的地方课程学习用书每学年不超过一本。不得指定或强行要求学生使用教辅用书，不得以任何形式搭售、推销教辅用书，不得向学校和学生推荐教辅用书以及小学用书目录以外的各种书；不得向学生推荐或统一购买教辅用书，不得指定教辅用书的内容作为考试内容。各级教育行政部门及所属机构都不得编写教辅用书和其他学生用书。

第二节 教学常规的精细化管理

教学工作是教师教和学生学的活动，通过这种活动，教师有目的、有计划地组织引导学生，积极自觉地学习和加速掌握文化科学基础知识和基本技能，促进学生全面素质提高。教学工作是学校管理的中心工作，加强教学工作的精细管理，提高教师教学效果，是学校管理工作的重点。

一、制订教学工作计划

教学工作计划是指在一定时期内，根据教学大纲、教材和学生实际情况制定的本学科教学工作进度和目标任务，也称为教学进度计划。制订教学计划是教师备课工作的一个重要方面，在学年、学期初对全学年、全学期的教学工作做出一个完整、全面的计划，对保证教学工作有条不紊地开展和提高教学质量有很大的作用。教学工作计划包括学年教学工作计划、学期教学工作计划（也称教学进度）、单元教学工作计划和课时计划（教案）等。学年计划和学期计划一般由学校统一制订，单元计划和课时计划一般在教研组（备课组）的领导下，由教师制订。

（一）学年教学工作计划的制订

学年教学工作计划是在校长的领导下，以年级为单位，由年级组、教研组、教务处和部分骨干任课教师参与，根据国家规定的课程标准，结合学校实际和学生年龄特点，对全年教学内容和考核项目的规划。它是制订学期教学工作计划和其他教学工作计划的依据。制订学年教学工作计划，首先，要先制定出学年教材内容分布表，要熟知年级教材的学习目标以及课标推荐的学习内容。其次，就学习目标来说，它是由两个学期来完成的，因此需要分列入两个学期中。再次，教学内容的选择。一是课标推荐内容与学校现有条件设备相结合，与教师个人专业能力相符合，因为制定出的教学内容是要落实到课堂教学中去的，而不仅是写在教学计划里，无法开展的教学内容就要舍弃，选择可以实现同样学习目标的其他内容。二是教学内容要与上学年的学习内容进行针对性的衔接。了解之前学过的主要学习内容，使得学生的学习内容成为螺旋递进的体系，也是制订学年教学计划另一主要关注点。最后，教学进度的安排。将学年教学内容转化成课时和课次，分配到两个学期中，用表格的形式展现出来分步实施。

总之，学年教学计划只要能体现目标引领内容的要求，并将目标和相应内容有层次地分配到两个学期中，同时能清楚地反映两个学期的内容以及课时安排，就是一个完整的学年教学计划。学年教学计划，一般由学校统一组织，在暑假开学前制订完成。

（二）学期教学工作计划的制订

学期教学计划也称学期教学进度。每学期开学前，由教务处和教研组或备课组统一组织，由任课教师根据学年教学计划、教材、教学大纲的要求和学生特点，以周为单位，制定教学内容、教学进度、教学权重以及对教学工作的安排和要求。

一个好的教学计划对教师的教学工作有很大的指导作用。目前教学工作计划存在的问题较多，普遍存在的问题有以下几个方面：一是计划中应付的较多。有些教师没有深入研究教材和大纲，以应付完成任务的心态对待这项工作，从参考书中抄取部分内容，有的干脆抄袭别人或以前的教学计划，没有对教学内容和学生进行综合分析，对教学没有任何指导作用。二是有了计划也不按照落实。有些教师计划是计划，教学是教学，教学的随意性较大。要想改变这种状况，使计划在教师头脑中留下痕迹，必须有一个统一的要求，让教师能认真、仔细地写，把计划和自己的教学实际相结合，把计划很好地落实到教学过程中去。加强考核和监督，把制订教学计划和落实教学计划与教师的绩效挂钩，定期不定期进行检查。

学期教学计划制订由以下几个方面组成：一是学生情况分析。重点分析学生的习惯(听课、记笔记和发言提问等)、兴趣、态度、学期基础、班风和学风等方面，同时对学生优秀率、合格率、差生率等进行比较分析，对学生中存在的问题、两极分化情况进行分析，对学生中存在的小群体现象进行分析。针对学生情况制定详细的措施，既保证优秀学生能够吃得饱，又保证较差的学生能够吃得了。同时制定优生率、合格率等指标。二是对教材进行分析。确立教学目标，找出教学重点和难点，对教学内容进行认真分析，明确教学中要注意的事项等是教材分析的重点。对教材进行分析要研究教材、研究教学参考，要熟悉教材，对教材的体系结构、地位作用、知识结构进行整体了解，进一步解读课程标准，依据课程标准的要求对教材内容进行取舍。在全面研究课程标准的基础上，全面熟悉教材、吃透教材，才能更好地掌握教材的技能体系和知识结构，才能弄清教材要实现的目标，才有利于分析和处理教材。三是提出提高教学质量的措施。每学年学科不尽相同，但总的要求，通过本学科教学达到既教书又育人的措施，提高学生自主学习能力和良好习惯养成的措施，提高学生基本功和综合能力的措施，培优补差的措施，加强重点难点教学的措施，提高学生思维和创新能力的措施，培养学生动手、动嘴能力的措施等，围绕以上几个方面，根据学科特点制定出具体和细化的措施。四是教学进度。以周为单位，根据教学重点和教学难易程度，安排不同学时进行教学和巩固提高。

（三）单元教学工作计划

单元教学工作计划是根据学期教学工作计划中的某阶段或某项教学内容及目标进行系统安排的课时计划，它有自己相对独立的完整性。单元教学工作计划应保证学期教学计划达到的目标，是学期教学工作计划（教学进度）的深化和具体化的教学文件，它为教师制订课时计划提供了更加科学的依据，有利于提高课堂教学质量。单元计划以教材单元内容多少和难易程度等安排课时，总体不要超过学期教学计划课时数。

单元教学工作计划的制订，必须从学生需要和客观实际出发，认真钻研教材，掌握教材的重点和难点，选择新颖、多样化的教学方法与手段，安排好合理的教学顺序。首先，确定单元教学目标。单元教学目标是学完一个单元以后所达到的教学目标或教学要求。所有单元计划教学目标完成以后，才能完成教学总目标。其次，对单元教学工作计划进行分解（分解到每节课中去），列出单元教学工作计划表。最后，填表并进行审查。

制订单元教学工作计划的注意事项：一是要把单元教学目标确定下来，这是完成学期教学要求和完成单元教学任务的关键；二是要把每次课的教学目标、教学要求、教学重点确定下来，这是完成单元教学不可缺少的部分；三是针对每次课的教学内容，认真安排每节课的教与学的组织形式；四是单元结束后还要进行单元总结评价，有时候为了巩固教学成果，还要进行单元测试。

（四）课时计划

课时计划又称"教案"，是对每一堂课具体深入的教学准备，是对师生课堂预期的教学活动的设计和描述。一个完整的课时计划应包括：班级、学科名称、授课时间、课题、教学目的、课的类型、主要教学方法、教具、教学进程等。有的课时计划还会留有"教学后记"栏目，以便教师简要记录自己对上课后的自我分析和体会，为研究改进教学工作积累资料。其格式分文字型、表格型和卡片型三种。

一是教案背景内容。包括学校、班级、时间、地点、授课教师等。二是课题名称。指本节课教学的主题，可以是教科书中某一章、节的名称，也可以是该节课的教学任务名称，还可以是该节课教学主要内容的总称。三是教学目标。本节课结束后，学生应达到什么样的要求和水平。教学目标的陈述要求具有可操作性。四是教学内容。列出该节课教学的具体内容项目。五是教学重点、难点。重点是教学目标规定必须掌握和理解的内容，难点是学生现有水平尚不能充分理解和掌握的内容以及准备欠充分的内容。六是课的类型。确定该节课是综合课还是单一课；若是单一课，进一步说明什么样的单一课。七是教学方法。分析、选择设计确定该节课使用的教学方法。八是教具准备。确定本节课各个教学环节需要的教具。九是教学时间安排。对本节课教学时间做总体安排，并计划好各个教学环节所需时间。十是教学过程设计。这是教师对整个教学过程的预期设想，以文字或图表的形式体现在教案中，也是整个教案最核心的部分。从时间顺序上，教学过程一般分为导入、呈现、运用与总结四部分；从内容上，教学过程设计包括"内容处理""活动设计""方法设计"和"时间设计"。教学过程设计的撰写要求结构清晰、文字叙述详细、突出重点难点。十一是板书设计。板书类似本节课教学内容的提纲，具有提纲挈领的作用。板书要求较高，应做到条理清楚、重点难点突出、书写工整、保留和擦除部分分明以及形象揭示教学内容的各种联系。

二、备课

备课是教师按照教学计划的进度，根据学科课程标准的要求和本门课程的特点，结合学生的具体情况，选择最合适的表达方法和顺序，以保证学生有效地学习。备课实际是编写教案和熟悉教案的过程，共分为个人备课和集体备课两种。个人备课是教师自己钻研学科课程标准和教材的活动。集体备课是由相同学科和相同年级的教师共同钻研教材，解决教材的重点、难点和教学方法等问题的活动。备好课是上好课的前提。对教师而言，备好课可以加强教学的计划性和针对性，有利于教师充分发挥主导作用。备课的内容有课程标准、教材、学生、教法、学法等，有关备课的具体方法在课时计划中已经较详细论述了，这里重点说一下集体备课。

教师集体备课是以教研组（备课组）为单位，组织教师开展集体研读大纲和教材、分析学情、制订学科教学计划、分解备课任务、审定备课提纲、反馈教学实践信息等系列活动。其具体运作方式如下：

（一）组织管理

集体备课由教务处实施管理。一般由教研组长具体主持集体备课活动。公共课和规模较大、门类较多的专业课，教研组可分成若干备课组，由备课组长负责具体实施，教研组长指导并参加各小组的备课活动。

（二）活动过程

一是活动准备——"二研、三定"，教研组长提前通知全组成员在集体活动前认真研读教材、大纲，通知中明确集体活动的"三定"：定时间、定地点、定中心发言人。二是集中研讨——"四备"。集中研讨即组长在集体备课时间里召集本组教师提出备课要求，听取中心发言人的发言，讨论备课提纲。讨论中心发言人提出备课提纲时，应包括备重点、备难点、备教法、备作业（还应包含单元检测）。讨论时要充分发扬学术民主，允许不同意见的争鸣。三是修改提纲——"五统一"。根据集体讨论的内容，中心发言人修改备课提纲，要充分体现"五统一"：统一教学思想，统一"双基""双力"（智力、能力）和"双育"的内容与要求，统一课时安排，统一达标题目，统一考核要求。同时提出改进教学方法的建议。四是撰写教案。各任课教师根据集体备课的备课提纲和各班的学情，撰写教案。此时，在不离开"五统一"的前提下，发挥各自特长。五是信息反馈。下一次集中时，把根据备课提纲实施时反映出来的重点问题提出来，供以后借鉴。

（三）时间安排

学校可根据各学科的特点，每学期规定几次，或每周一次，也可以根据学习内容每单元一次，视各校的教师组成情况而定。为了加强规范化管理，保证集体备课的时间，把集体备课的时间排进课表。

（四）集体备课的注意事项

一是集体备课要统一进行。集体备课的实质是同步教学，具体实施中教学目标、教学进度、作业训练、资料使用、检测评估等必须统一。特别是教学进度和目标检测，一旦失去了统一，就不能在集体讨论中获得正确的信息，及时矫正教学实践。

二是集体备课要适当超前。分配撰写备课提纲的任务和提供备课提纲要有一定的超前性，任课教师的提纲准备任务在制订学期教学计划时一并分配，便于教师早做准备，收集资料，钻研大纲和教材。备课提纲的讨论一般要超前 1~2 周。

三是集体备课要保持教材内容的完整。划定备课任务应考虑到教材内容的内在联系，保持其内容的完整性。一般依据教材的单元或章节来划分比较合适，切忌人为地将教材割裂开来。

四是集体备课采取集中讨论与个人钻研相结合的形式。如果仅仅依靠听中心发言人的说课，讨论是不能成功的。要发动全组成员认真钻研大纲和教材，讨论的时候才可能各抒己见，百花齐放。集中讨论时，组长要善于引导，把大家的积极性调动起来。还要善于总结，概括大家的长处，指导中心发言人整理备课提纲。

五是集体备课后要先进行适当试教。集体备课之后，由一人或几人进行试教，每次教后及时组织评课。执教者发挥自己的特长，上出自己的风格。备的内容统一，教的风格可以百花齐放，方法可以各有不同，千万不能出现"千人一面"的局面。

六是集体备课要注意培养新人。集体备课的中心发言人一般挑选本组骨干，一来有把握，二来组长也省心，备课是贯穿于每学期的全过程，从培养新教师的角度出发，也应给新教师压压担子，让新手来当"中心发言人"，同时采取"青蓝结对"的方法，逐步放手，这样可以一举数得。

三、上课

上课是指教师在学校里讲课或学生听教师讲课、学生获得知识的多向交流和互动过程。上课是教师整个教学工作的中心环节，是教师的基本功，通过上课教师把自己掌握的知识和教科书上的知识传授给学生，让学生经过记忆、练习、复习、消化、吸收变成自己的知识。上课的主要形式有教师讲授、学生探究、质疑、提问、消化吸收和训练等。教师课上得好坏，直接关系到学生的学习兴趣和对新知识的理解接收能力，最终影响到教学效果。因此，教师上课是整个教学工作的关键环节，教师要在教学过程中，加强锻炼，不断增强自身的上课能力，不断提高上课水平，把复杂的问题、难以理解的知识点，化作简单的东西，让学生一学就会，一听就懂。掌握课堂的主动性，把机智、幽默和激情贯穿于课堂教学的始终，让学生在轻松愉快中完成教学任务，在欢声笑语中掌握知识。

（一）教学目标明确具体

教师根据教学大纲、教学计划和学生的情况，首先要明确每堂课的教学目标是什么，对教学后学生在知识、能力、情感、态度等方面发生的变化有一个较清晰的把握，这样才能使课堂教学有一个清晰的目标指向。在描述教学目标时，不说空话、套话和模棱两可的话。

（二）教学内容正确适当

教师要教给学生正确的知识，教学内容必须是科学的、准确的，不仅如此，教学内容的数量要适当，教学内容不能远远超越学生的理解和掌握能力，让好学生能够吃得饱，差学生能够吃得了。所学知识之间要有连贯性，把章节之间、学科系统内部、已经掌握的知识等要融会贯通。教师在教学的过程中还要突出教学的重点、难点和关键点，以便学生更好地理解和学习。

（三）教学方法灵活运用

根据具体的教学目标和教学内容以及学生的实际情况，教师要选择适合的教学方法，并加以灵活运用，使教学重点突出、难点分散，为学生提供探索与思考的空间，使学生能够举一反三，实现课堂中的多向交流。教学氛围要活跃、轻松、愉快，把所有学生的激情调动起来，积极参与教学的每一个过程和环节。

（四）教学结构严谨

教学要有计划性、条理性，教师要周密地考虑一些细节问题，如先讲什么，后讲什么，什么时候讲，什么时候练，什么时候演示，什么时候板书，板书写在什么位置等，都要先设计好，使课堂教学能够紧凑、连贯、顺利地进行。要有预见性，要预先思考学生在课堂上出现的问题和可能的情况，提出解决问题的预案。

（五）教师语言简洁生动、教态亲切自然

教师的语言是教师传递知识、启发学生思考、表达情感、吸引学生注意的最重要的媒介。教师教学语言既要科学准确，又要简洁生动，富于启发性。不要带口头禅，不要经常重复一句话，不要讲讽刺挖苦性的语言，学生有进步和取得成绩要及时用表扬性语言，经常用激励、鼓励语言，好学生是夸出来的，教师要切记这一条。教师的教态要自然、亲切、随和，易于学生接近，着装庄重、简洁、大方，奇装异服不能穿，过于暴露的衣服不能穿。

（六）适当奖励

这一点在小学生中效果特别明显。利用班费购买一些学生喜爱的健康向上的小物品，

如表现好的学生奖励一朵小红花、带有励志性内容的贴画等。开展"荣誉银行"活动，把表现好的同学名字存入"银行"，每周一公布，每月一评比，以此激励学生学习进步。

（七）教学效果良好

教学效果是评价一节课的关键。教学的目的是使每个学生都能得到发展，学生是否在原有的知识水平上得到提高，是否掌握了新的知识，是否增长了分析问题、解决问题的能力，情感态度是否受到积极的影响。这些可以从学生的课堂反应、作业质量、考试的成绩中了解到。坚决反对看似生动、眼花缭乱、华而不实的课堂，要善于启发学生思考，要精讲多练，要充分给予学生思考、探究、消化的时间，不要满堂灌，要让教师与学生、学生与学生之间充分互动，这样的课才能取得较好的教学效果。

要科学合理地利用多媒体教学，严格把握多媒体教学的内容量，要根据学生的接受能力提供适当的内容量，这一点在小学教学中特别重要。在教学实践中有些教师给学生提供了大量的多媒体内容，学生如看电影一样走马观花地学习，看似内容丰富，拓展范围广，实际上根本达不到应有的教学效果。多媒体教学不能代替板书教学。

四、布置、指导和处理学生作业

作业是指学生为完成学习既定任务而进行的活动。学生的作业分为两类：一类是课堂作业，另一类是课外作业。课堂作业是教师在上课时布置学生当堂进行操练的各种练习，课外作业是学生在课外时间独立进行的学习活动。按照学校所设置的课程，作业可分为语、数、外、理、化、生、政、史、地、音、体、美、思品和劳技、拓展与探究等内容。布置作业是为了帮助学生理解、巩固和提高课堂所学的知识，学生通过做作业，发现自身的弱点，增强学习的技巧，提高学习的自信心，从小培养敬业精神。

（一）要确立有效的作业观

在教学过程中往往有的教师布置了大量的作业，特别是布置了大量的课外作业，学生经常加班学习，扼杀了学生的天性，体会不到学习的乐趣，长期下去既影响了学生的身体健康，又造成学生厌学情绪的滋生，危害性非常大。产生这种现象的原因是有些教师对作业认识产生偏差，认为作业就是为了应付考试，提高考试成绩的。这种唯分数、纯功利的认识，使大多数教师在安排作业训练时，总是针对考试进行设计，有的题型甚至就是考卷试题的翻版，更有甚者有些教师每天让学生完成大量从书店买来的试卷，一本一本地做，甚至有些教师让学生"抄课文、抄生字、抄乘法口诀表20遍、30遍……"。小学生的课外作业做到晚上10点后，学生叫苦叫累，家长苦不堪言。学生每天总在做那些已经会了的题目，不会的题目做多少遍依旧不会。作业只有在适当、适量和适时的时候才会有效。那些遵循学生认知规律、切合课程标准要求、符合知识建构原理的练习和作业，那些充分调动学生积极性、进取性、创造性的练习和作业，才能够真正发挥其巩固、强化和拓展的练习价值，才能实现师生的共同发展。

（二）作业布置要有层次

学生彼此间是存在差异性的。为面向全体学生，促进人人成功，作业要根据学生的学习动机、学习基础、学习能力做到分层设计。作业设计应由易到难，也可设置一定的机动性作业即选做性作业。可以把作业设计为"必做"和"选做"两个层次。"必做"题要求全体学生都要完成，以达到教学的基本要求。有些概念上易混、易错的作业就需要必做。可以布置一些总结类作业、学案型作业、构建知识框架型作业、特色笔记等作为选做作业。这样既让中等以下学生"吃饱"，同时也能让优秀生"吃好"，让不同层次的学生都有收获。作业量过少、过于简单起不到良好的反馈、提高作用；作业量太多，学生在有限的时间内不能完成就会产生厌烦心理，从而不做作业；太难的作业，偏题、怪题、技巧题多数学生做不出来，课前先做调查，了解学生的实际情况，教师精选作业，根据教学内容和学生实际选择适量、适度的作业。作业精而细的优化设计，可以最大限度地拓展学生的减负空间，真正有效利用好作业，培养学生形成良好的学习习惯，提升自主学习能力，不断提高教学质量。

（三）给学生提供必要的解决问题的方法

要有效利用作业培养学生自主学习能力，教师除合理布置作业、严格作业要求外，更应该教会学生必要的解决问题的方法，让学生在做作业的过程中独立解决问题，进而提升自主学习能力，保证学生更好地完成作业。如怎样收集和整理资料，遇到困难如何解决，怎样充分利用电脑和互联网解决一些探究性的问题等。另外，要求学生作业必须工整、清洁、层次分明，不能潦草。

（四）及时评价作业

要想真正发挥作业的效用，还要对学生作业情况进行及时反馈。教师对作业的及时反馈评价就能引起学生的重视，激发学习兴趣。因此，教师要采取多种形式及时检查、了解学生的作业情况，并指出作业的优缺点，对学生多进行鼓励评价，以不断调动学生自主学习的兴趣。

五、传授学习的方法

任何事情都是有规律可循的，学生的学习也不例外，教师要根据《教育学》《心理学》原理，结合自身的经验和学生的特点，揭示学习的规律，传授学习的方法，提高学习的效率，达到事半功倍的学习效果。这一点往往被很多学校和教师忽视，虽然在教学过程中有些教师融入了相应的学习方法和技巧，但是还不系统和全面，更谈不上对学生进行学习方法的系统训练。学习规律和技巧主要有记忆的规律、时间管理的规律、学习的策略等。

（一）培养学生的学习动机

学生的学习动机是推动学生学习的内部动力，有什么样的动机就有什么样的学习效果。要求教师在指导学生制订学习计划时要切合实际，目标不要定得过高，恰到好处地控制动机水平，实行小步快走的方略，当完成一个目标后，要不失时机地鼓励学生，不断激发学生的学习积极性。鼓励学生树立远大的理想和个人抱负，要树立正确的人生观和价值观，从而激发学习的积极性。要根据不同学生的基本情况控制学习的难易度，要不失时机地对学生进行奖励，多采取正强化的措施，让学生在成就感中学习。要经常讲一些励志故事，介绍古今中外发奋学习的例子，为学生学习树立榜样。

（二）训练学生掌握学习迁移的方法

学习的迁移是指一种学习对另一种学习的影响或习得经验对完成其他活动的影响。通过学习的迁移，能够达到举一反三、触类旁通、闻一知十的效果。教师在教学过程中要有意识地训练学生掌握学习迁移的方法，合理安排学习时间和顺序，合理把握学习内容，要在精选教辅材料上下功夫，掌握每个学科的基础知识、基本概念、基本原理、基本技能和基本体系，并搞清楚它们之间相互关系和变化规律，这样才能达到事半功倍的效果。

（三）教授学生记忆的规律

人的记忆是一个复杂的心理过程，包括识记、保持、再认识或回忆三个基本的环节。一是教师要给学生讲清楚记忆的系统，即瞬时记忆、短时记忆和长时记忆，并怎样才能把瞬时记忆和短时记忆变成长时记忆的方法（复习）；二是抽出时间给学生讲一下遗忘规律，特别值得一提的是，要重点把德国心理学家艾宾浩斯的遗忘曲线给学生讲清楚，并教授学生怎样充分利用遗忘曲线来提高学习效率；三是教授学生记忆的技巧，指导学生对获得的学习信息进行深度加工，有效运用记忆技术，传授对知识进行组织化编码、适当过度学习和复习等学习技巧。

（四）学习计划的制订和时间安排

在教学过程中发现很多学生根本没有什么学习计划，学习时间安排更无从谈起，越是低年级学生越是如此，这就要求教师要耐心地教授学生如何制订学习计划，如何有效地安排和利用时间，提高学习的效率。一是制订有效的学习计划。学生的学习计划包括平时计划、阶段计划和长期计划等。平时计划以通常的学习常规和临时性安排为内容；阶段计划以一个月或一个学期为一个周期；长远计划以一年或几年为周期。学习计划一般应包括对上学期（或前一阶段）学习情况的分析，简要说明所取得的主要成绩和存在的问题；提出本学期（或下一阶段）的努力方向，并确定目标，学习时间如何安排，采取哪些措施，采用哪些方法等，做学习计划时要留有一定的余地。对低年级学生可以做简单的学习计划，并把计划落到实处。二是科学地利用时间。学生的时间是有限的，怎样科学合理地利用时间提高学习效率，不是每个学生都能做到的，这就要求教师给予指导。要求学生根据自己的总学习目标，必须统筹安排时间，并通过阶段性的时间表落实。要高效利用最佳时间，确保在最佳状态学习最重要的内容；灵活运用零碎时间，提高时间的利用率。

（五）教授学习的技巧

在教授学习方法的基础上，学校要指导教师教会学生的学习技巧。虽说学习没有捷径可走，但是有很多技巧。如学生学习英语时，必须让学生学习好 48 个国际音标和读音规则，并熟练运用这些知识。英语是拼音文字，学习好音标就能很容易地掌握英语发音和拼写方法，学习英语既快又好。学习好汉字必须先学习好汉语拼音，汉字和汉语拼音能够相互印证，提高记忆效果；另外，教师要把汉字的偏旁部首和造字规律教给学生，让学生充分认识汉字的来源和组成。在数学方面教师要教会学生有关数字的规律，让学生随时就可应用。教师在教学过程中让学生掌握并充分理解每门学科的基础知识、基本概念、定义，熟练掌握和运用公式，也是提高学习效果的窍门。这方面的例子还很多，教师要在教学过程中潜心研究，并毫无保留地教授给学生。教师在教授以上方法的同时还教会学生怎样阅读、预习，怎样养成好的学习习惯等。

作为一名优秀的教师，必须学习有关学习方法技巧的理论，结合工作实际潜心研究学习方法和学习技巧，并把这些方法教给学生，让学生掌握学习的规律和技巧，能够极大地提高学习效果。学校在这方面要特别引起重视，有目的地引导、督促教师做好这方面的工作。

六、培优补差

培优补差是指在教学过程中，为了避免学生的成绩出现两极分化，让优秀的学生更优秀，中等的学生变成优秀生，学困生变成中等生或优秀生等，努力提高整个班级的优秀率。通过对学生的全面分析，明确培优补差的目标，制定措施，全面整体地把握全班的成绩，不让任何一个人掉队，也不让任何人停滞不前。

（一）针对差生找出原因

通过多次考试成绩、平时作业完成情况、家庭走访和调查等，全面掌握优等生、中等生和学困生的情况，并对学困生产生的原因进行剖析，是不爱学习、学习习惯不好、学习过程中出现错误还是家庭原因等。

（二）针对不同学生群体采取分层分类教学

所谓分层分类教学，简单来说是以学生个人情况为基础的个性化教学，即根据学生的学习程度、学习习惯的差异，在各种教育教学活动中区别对待、因人施教，以满足不同教育对象的个体需求，促进全体学生的协调健康发展。它是在教育教学过程中做到目标分层提要求、训练分层搞辅导、检测分层定标准，使不同智力、不同个性的学生在自己原有的基础上，在各个方面一步一步地滚动式向前发展，不断从小成功到大成功、从一方面成功到多方面成功、从个别成功向全面成功迈进，达到教学成功的一种手段。

一是对于学困生，要对他们提出切实可行的目标和计划。由于学困生的起点低、基础差，所以要从实际情况出发，做到不歧视、多鼓励、不粗暴、多宽容。只要学生一步一步扎实地向前进步，就不会使他们的学习之路停滞不前，暗淡无光。上课时多注意，下课督促他们及时地完成有关作业，适当的时候适当地降低作业的要求，增强他们的学习兴趣和进步的信心。

二是对于优等生，要在课堂教学中，鼓励他们自主探索、自我尝试，使他们的创造性思维能力得到不断增强。有的学生虽然天资聪颖，学习能力强，但总是忽略细节，导致会做的题目出错，这就需要学生加强基础知识的学习，要稳扎稳打，才能一直取得优秀的成绩。而有的同学，非常用功，成绩优秀，这样的孩子要适时鼓励，使他们发散思维，灵活应用知识。

三是在培优补差过程中，最容易被忽略的就是中等生，而他们却是最有潜力的，无论是向前还是向后，所以他们才是培优补差的关键。对于中等生要加强其基础，鼓励他们以高标准要求自己，在学习生活中付出更多的努力，以取得最大的进步。他们的提升空间比较大，是潜在的优秀生，要对这样的学生多给予关注，多对这样的学生进行提高训练，使他们得到飞跃。

（三）采用综合的方法培优补差

针对学生的情况，利用课余时间，进行课外辅导。采用一优生带一学困生的一帮一行动，请优生介绍学习经验，学困生加以学习，课堂上创造机会，用优生学习思维、方法来影响学困生，对学困生实施多做多练措施，优生适当增加题目难度，并安排课外题目和比较难的试题，不断提高做题和灵活运用能力。采用激励机制，对学困生的每一点进步都给予肯定，并鼓励其继续进取，树立学习榜样，给予学困生机会表现，调动他们的学习积极性和成就感。充分了解学困生现行学习方法，给予正确引导，朝正确方向发展，保证学困生改善目前学习差的状况，提高学习成绩。重视中等成绩学生，保持其成绩稳定和提高。

（四）加强思想教育，注重心理疏导是培优补差的根本

利用班会进行励志教育、加强学生的思想教育，让学生树立正确的学习观，端正学习态度，增加学习的动力，坚定学习的信心，形成比学赶帮超的学习氛围和良好的班风。教师要倾注真诚的爱，在感情上亲近学生，在学习上帮助学生，在生活中关心学生，使学生真正感到教师可亲、可信、可敬。这样，学生才会主动亲近教师，才会乐意接受教师的批评和教育。公平，公正对待每一位同学，通过谈心、个别交流的形式，给予全班学生同样的关心和指导、同样的信赖和尊重、同样的鼓励和期待。对于存在心理障碍的同学及时进行心理疏导，对于家庭情况特殊的同学，给予更多的关心和帮助，使他们放下心理包袱，把更多的精力投入学习上，养成良好的学习习惯。

第三节 听课、评课的精细化管理

听课是一种对课堂进行仔细观察的活动，它对于了解和认识课堂有着极其重要的作用。听课是提高教师素质、提升教学质量的重要方式，听课是教师进步的阶梯和自我检验的法宝。对于一个教师来说，对教材的理解不是很深，教法也不一定就适合学生，所以讲完后再听课，也是一种进步的途径。讲前听和讲后听都非常重要，每个人有每个人的教学思路与方法，每个人有每个人的优点，如果每一位教师将其他教师的经验尽可能地去掌握，将受益匪浅。

一、怎样听课

很多时候课讲了，教师也听了，取得的效果却并不理想。当然，原因是多方面的，而不会听课，不知听什么应是主要原因。尤其是青年教师，他们缺乏这方面的指导，所以对于上课、听课、评课这些日常教学研究不加以重视，漫无目的地讲课和听课是白白浪费时间，增加学生和教师的疲劳感。

（一）用辩证思维看待各种观摩课，以鉴别和挑剔的眼光学会筛选

不管多么优秀教师的课，课堂也同样存在这样那样的问题。要用自己的头脑去思考，去鉴别，不能全信，不能照搬，应该创造性地吸收，有选择地学习。这是我们听课要把握的原则。

（二）有准备地去听

听课的时候，我们应把自己定位为教学活动的参与者、组织者，而不是旁观者。听课前要有充分准备，对要讲的课程内容有所了解，了解上课教师的意图，知道要听的课，

教学目的是什么，重点、难点是什么，这样，在听课的过程中就能做到有的放矢，带着问题去听。只有有"备"而听，并尽可能以学生的身份参与到学习活动中，才能获取第一手材料，从而为自己如何上好一堂课奠定基础。

（三）要当审美者不要当批评家

要多学习其他教师的长处、闪光点，为我所用。从这个角度讲，不仅要用美的眼光去感受讲课人的仪态美、语言美、板书美、直观教具美等外在的美，还要去领略讲课人如何通过精巧的思维、严密的推理、严肃的实证来充分展示科学的理性美，更要用心去体会教学过程中的尊重、发现、合作与共享，这是更高境界的美，值得每一位教师去永远追求。

（四）听课听什么

教学是涉及教师与学生双边的活动过程。一节课成功与否，不仅在于教师讲了多少，更在于学生学会了多少。所以听课应从单一听教师的"讲"，变为同时看学生的"学"，做到既听又看，听看结合，注重观察。

一听教师怎么讲的，是不是讲到点子上了。课堂教学确定怎样的教学目标，重点是否突出，详略是否得当。二听课讲得是否清楚明白。目标采用什么方式实现，如何引导学生复习回顾，回顾什么，学生能否听懂，教学语言如何。三听教师启发是否得当。新课如何导入，包括导入时引导学生参与哪些活动，创设怎样的教学情境，采取哪些教学手段，设计哪些问题让学生进行探究，如何探究（设计活动步骤）。四听学生的讨论和答题。设计怎样的问题或情景引导学生对新课内容和已有的知识进行整合，安排哪些练习让学生动手练，使所学知识得以迁移巩固，课堂教学氛围如何。五听课后学生的反馈。

对于学生的学习活动，听课者应该关注。学生是否在教师的引导下积极参与到学习活动中，学习活动中学生经常做出怎样的情绪反应，学生是否乐于参与思考、讨论、争辩、动手操作，学生是否经常积极主动地提出问题等。由于教学是一种学习活动，本质是学而不是教，而且教师活动是围绕学生的学习活动而展开的，因此在关注教与学双边活动时，更要关注学生的活动。

二、听课中的观察和思考

（一）听课不但要听，还要看

一看教师。看教师的精神是否饱满，教态是否自然亲切，看教师板书是否合理，看教师运用教具是否熟练，看教法的选择是否得当，看教师指导学生学习是否得法，看教师实验的安排及操作，看教师对学生出现问题的处理是否巧妙———一句话，看教师主导作用发挥得如何。二看学生。看整个课堂气氛，学生是静坐呆听，死记硬背，还是情绪饱满，精神振奋，看学生参与教学活动，看学生对教材的感知，看学生注意力是否集中，思维是否活跃，看学生的练习、板演、作业情况，看学生举手发言、思考问题情况，看学生活动的时间是否得当，看各类学生特别是后进生的积极性是否调动起来，看学生与教师情感是否交融，看学生自学习惯、读书习惯、书写习惯是否养成，看学生分析问题，解决问题能力如何——一句话，看学生主体作用发挥得如何。

（二）听课要思考

听课必须伴随着多思考才能有进步、有提高。一边听，一边思考这样一些问题：教师对教材为何这样处理？换成自己该如何处理？教师是怎样把复杂问题转化为简单问题的？他的教学有什么值得自己学习的？重难点是怎样突破的？自己应怎样对"闪光点"活学活用？上得好的课，应该看得出学生是怎样从不懂到懂，从不会到会，从不熟练到比较熟练的过程。在课堂上，学生答错了，答得不完整，答得结结巴巴，这是正常现象，正因为这样才要学习。教师的作用也就是在学生答错时，能加以引导，答得不完整时，能加以启发。所以听课，一定要注意看实际效果，看学生怎么学，看教师怎样教学生学的。思考之后，可以和自己的备课思路进行对比分析，大胆地去粗取精，扬长避短，写出符合自己特点的教案。

（三）听课要有反馈式交流

听课有反馈式交流，才有进一步的深化。听课中要使思维和讲课教师、学生的思维一致。听课后，能比较详细地向讲课教师汇报收益与看法，在具体问题上做进一步切磋，共同探讨如何做得更好，为下一步评课做好准备。

（四）向别人学习，其实也是一种创造

这种创造有赖于自己的观察、思考与探索，只有通过这样的努力才能将别人的教育教学思想转化为自己的理念，而不仅仅是表面上的方法与技巧的增多。要达到这样的目的，首先要想办法提高自己的思想素养，让自己能够站在一定高度上来学习别人的经验，并逐步形成自己的教育思想、教育理念。

三、如何评课

评课是指对课堂教学成败得失及其原因做中肯的分析和评估，并且能够从教育理论的高度对课堂上的教育行为做出正确的解释，是在听课活动结束之后的教学延伸，是加强教学常规管理，开展教育科研活动，深化课堂教学改革，促进学生发展，推进教师专业水平提高的重要手段。

（一）从教学目标上评课

教学目标是教学的出发点和归宿，它的正确制定和达成，是衡量课教得好坏的主要尺度。所以分析课首先要分析教学目标。现在的教学目标体系是由"知识与技能、过程与方法、情感、态度与价值观"这三个维度组成的，体现了新课程"以学生发展为本"的价值追求。如何正确理解这三个目标之间的关系，也就成了如何准确把握教学目标、如何正确地评价课堂教学的关键。

（二）从处理教材上评课

评析教师一节课上得好与坏，不仅要看教学目标的制定和落实，还要看教者对教材的组织和处理。在评析教师一节课时，既要看教师知识教授得是否准确科学，更要注意分析教师教材处理和教法选择上是否突出了重点、突破了难点、抓住了关键。

（三）从教学程序上评课

教学目标要在教学程序中完成，教学目标能不能实现要看教师教学程序的设计和运作。因此，评课就必须对教学程序做出评析。教学程序评析包括以下两个主要方面：一看教学思路设计；二看课堂结构安排。

（四）从教学方法和手段上评课

评析教师教学方法、教学手段的选择和运用是评课的又一重要内容。一看是不是量体裁衣，优选活用；二看教学方法的多样化；三看教学方法的改革与创新。

（五）从教师教学基本功上评课

教学基本功是教师上好课的一个重要方面，所以评课还要看教师的教学基本功。从板书、教态、语言、操作等几个方面进行评价。

（六）从教学效果上评课

看课堂教学效果是评价课堂教学的重要依据。课堂效果评析包括以下几个方面：一是教学效率高，学生思维活跃，气氛热烈。主要是看学生是否参与了、投入了，是否兴奋、喜欢，还要看学生在课堂教学中的思考过程，这是非常重要的一个方面。按照课程标准的要求，不仅包括知识与技能，还包括解决问题的能力、思考能力和情感、态度、价值观的发展，思考是非常重要的。有的课学生很忙，但思考度很低。二是学生受益面大，不同程度的学生在原有基础上都有进步。知识、能力、思想情操目标达成，主要看教师是不是面向全体学生，实行了因材施教。三是有效利用课堂时间。学生学得轻松愉快，积极性高，当堂问题课堂解决，学生负担合理。

　　课堂效果的评析，有时也可以借助于测试手段。上完课，评课者出题对学生的知识掌握情况当场做测试，而后通过统计分析来对课堂效果做出评价。

第四节　教学改革的精细化管理

　　教学改革是学校改革的核心，是提高教学质量、提升人才培养工作水平、顺利实现学校人才培养目标的唯一途径。教学改革包括教学方法、教学手段、教学模式等方面的改革。教学改革是课程改革系统工程中必不可少的一环，课程改革有着相对统一的模式，对学校来讲，需要的是充分的理解和坚定的执行。在课程改革的今天，教学改革的成败与否，既决定着课堂教学效率的高低，更决定着课程改革是否能够在课堂中生根发芽。

一、围绕学生进行教学改革

　　当前我国教育中存在着很多问题，有些问题已经严重地阻碍了教育的发展，必须进行教学改革。怎样以学生为中心，一切教学活动怎样围绕学生的全面发展——人格、体格、文化修养、审美情趣等是教学改革的重点。

（一）让学生参与课堂

　　在课堂教学的过程中，课堂教学设计越是复杂，教师对教学内容的处理越是精妙，学生参与课堂的机会就越少，参与的深度反而越低。要让学生参与课堂，就得让教师让出课堂，学生是课堂的主角，教师是课堂教学的组织者。在目前情况下，让学生参与课堂教学得有个让教师和学生适应的过程，目前有很多成功案例可以借鉴。也可以先从低年级开始试点，逐步摸索经验全面推广。实践证明选择在薄弱班级实施，效果可能更好些。

（二）让学习主导课堂

　　学生到课堂是来学习的，教师到课堂是来教学的，解决好教学主导课堂还是学习主导课堂这个问题是教改的关键。在新教学改革过程中，应该让学生的学习主导课堂，这就要求教师在课堂教学中想方设法压缩讲的时间，尽可能地保障学生的学习时间。为了保证学生的学习效果，让学生在教师教学之前，主动地学习新的教学内容，通过学习的过程暴露学生的学习问题、学生的学习困惑，以便在课堂学习时得到解决。

（三）把学生组织起来

　　教师把课堂还给学生的同时，必须当好导演，在把学生有效地组织起来上下功夫，充分利用同学之间的学习资源，来营造互帮互助、共同受益的学习组织和学习氛围，采取"让学生教学生,让学生帮学生"的方式,让学生"在课堂学习中学会团结,在课堂团结中学会学习",充分调动学生个体和群体学习探究的积极性,大家在这个群体中互相学习,互相启发,互相鼓励,比学赶帮超,才会在知识学习的路上取得可喜的成绩。在一些课堂上尝试小班制和个人积分制,更能激发学生的荣誉感和学习积极性。

二、完善学习的过程

学习的过程是指学生自身如何学的过程,而非教师如何教的过程。学习的效果是学生的反思和发现,教师所起的角色是引导者和信息资源的提供者。根据学生记忆特点和学习规律,一个完整的学习过程应包括预习、课堂学习和复习巩固等阶段。在教学过程中教师只注重课堂教学,被动地让学生学,而预习和复习的环节缺失,导致学习的效果差,学生学习吃力等。

(一)预习

预习是学生学习的重要一环,只有通过预习才能引发学生的好奇心,只有好奇心才能够最大限度地引导学习,并达到最好的学习效果。预习也是学生提前熟悉教学内容,发现问题的过程,通过预习让学生在课堂上能够有的放矢地学习。现在有很多地方开始了有益的探索,如"先学后教""导学案"等,弥补学生没有预习的学习过程。

(二)课堂学习

课堂学习是获取知识的主要来源。听课是学生接受知识、理解知识、掌握知识、增长知识的重要环节和途径。在课堂上,不仅可以听到教师对知识的精心讲解,还可学到教师分析问题、解决问题的方法,并通过课堂练习,使所学知识得以巩固。因而,课堂学习效率的高低,对学生学习成绩的优劣起着决定性的作用。课堂学习是发展智力的重要途径。搞好课堂学习,必须充分运用智力,即充分运用观察力、思维力、记忆力和想象力。而智力只有长时间地运用才能得到发展,努力提高课堂学习有利于智力的发展,而且智力发展了会大大促进课堂学习效率的提高。总之,高效的课堂是学生获得知识、发展智力最有效便捷的途径。

(三)复习

复习是学生对所学知识的巩固提高,通过复习把将要遗忘的知识记住,使学生对知识的印象更加深刻。如果学生没有自主复习的能力,教师在进行完一个单元后,带着学生进行系统的复习,将知识掌握得更加牢固。

三、改革课堂教学

（一）增加课堂的吸引力

教师的课堂教学如果没有吸引力，学生就会拒绝听讲，昏昏欲睡，就达不到要求的教学效果。在今天，虽然教学仍然是为了传授知识，但离照本宣科的教学形式越来越远，教师不但要知道自己在教什么，更重要的是要关注自己的教法是否能够引发学生的学习兴趣，能否维持学生的学习兴趣，让学生乐于上课。

一是教师学识的征服力。教师的知识面要广，既要有专业的知识，又要有多学科知识；既要有书本知识，又要有社会知识；既要有学科现在知识，又要有学科发展动态知识。教师只有勤奋学习，博览群书，才能在授课过程中旁征博引，涉猎古今，其渊博的知识才能令学生折服，使学生心悦诚服地学习你所传授的知识。教师只有通过不断的学习，努力掌握新知识、新理论，形成新观念，不断拓展知识面，才能使自己拥有的知识不老化、不陈旧；才能使自己所传授给学生的知识是最新的，最适合时代需要的；才能使学生觉得学有所得，学有所用。

二是教学内容的穿透力。教师应熟悉教材，而熟悉教材首先需要通读教材，明确各章节在教学体系中的地位和作用，熟悉难疑点的分布，做到心中有数。然后对各章节教材内容进行深入的钻研、透彻的了解，确定本节教学内容的深度、广度、重点和难点。重点要突出，难点要讲透，并要注重理论联系实际，指导学生运用所学知识去解决实际问题，提高他们解决问题的能力，激发学生的学习兴趣。

三是教学方法的激活力。好的教学方法是增强课堂吸引力的关键。要诱发学生学习的积极性，增强课堂吸引力，教师不能照本宣科或满堂灌，不能我讲、你听，我写、你抄，我给、你收。要让学生积极思维，激发求知欲，要不时地提出一些问题，给学生心理形成一定的压力，从而使学生能振奋精神，集中注意力。此外，在教学过程中还应鼓励学生提问，形成课堂上的互动，使自己的教学做到有趣、有味、有奇、有感，从而增强课堂的吸引力。

四是强烈的语言感染力。教学是一门科学，又是一门艺术，教师在讲坛这个大舞台上就像演员一样展现美、传递美、创造美。语言是教学的重要工具，教学中语言简练清晰，生动活泼，能激发学生的学习兴趣，调动学生思维的积极性，能加深对知识的理解。简洁生动、幽默诙谐、有张有弛、抑扬顿挫、深入浅出的语言，不仅能把文字讲得有理有情、有声有色，而且能收到"言之有物，言之有理，言之有情"的语言美的功效。

五是较强的亲和力。课堂上教师做到端庄中见微笑，严肃中见柔和，以生气勃勃、充满活力的情态、风度、品格展现教学魅力，给学生以自然、亲切、舒畅的美感。与学生建立一种平等、民主、互信、和谐的双边关系，与学生情感相通，心理相融。而要做到这些，教师就必须注重自身素质的修养，既要有优美、健康的外貌，还要有高尚的思想境界、较高的品行修养、广泛的知识结构、很强的能力水平。只有这样才会给学生积极而深刻的正面影响，从而产生一种强大的磁场效应，使其对教师有一种信任感。

总之，学生最大的学习兴趣是参与，参与容易使人获得成就感，能够激发学习兴趣和积极性。采用多样化的教学手段、多形式的教学内容呈现，让学生积极参与，快乐地学习、快乐地成长，增加课堂教学的吸引力。

（二）拓展课堂教学宽度

课堂教学拓展是指，在课堂教学过程中依据该课的教学内容、教学目标、教学目的，在一定范围和深度上与外部相关的内容密切联系起来的教学活动。课堂拓展旨在加强对教学内容的深入理解，在深度和广度上培养学生的探究意识和兴趣，建立科学的思维方法和探究方法，在认识问题和解决问题的能力上得到提高，促进学生均衡而有个性地发展。随着教育部新课程标准的贯彻执行，课堂教学拓展已成为课堂教学的重要组成部分，它不同于传统教学只注重知识的传授，而是从更高的层次对教师和学生提出了要求。课堂教学拓展的方式方法是多样的，可以是专题的，可以是不同阶段不同梯度的，对学生可以是口头的、文字的、动手操作的、形体的，课内的或课外有所准备的等，采用什么方式方法是由教学内容决定的。

拓展课堂教学的宽度应注意以下几点：一是拓展应根据学生的真实水平，不可好高骛远，人为地给学生创设学习障碍；二是既要基于教材，又要高于教材，把握难度系数，有时候降低教学内容的难度，让学生在学科学习上有成就感，给学生更多自主学习的时间，才是取得好成绩的捷径；三是拓展需要情景真实，贴近现实生活；四是拓展要达到让学生学以致用的目的。

学生的成功并不是单一学科的成功，而是所有学科共同的成功。今天的课堂教学已经不再是哪一个学科教师的课堂，还需要学科教师走出自己的课堂，去配合其他学科教师的课堂教学。要让学生全面发展，要让学生不偏科，这样的要求并不是对学生的，而是针对培养学生的教师的，要达到这样的目标，就意味着学科教师之间要团结协作，要互帮互助。

（三）教学有法，但教无定法

只要能够有效地完成课程改革赋予的教学使命，只要能够有效地帮助学生达成学习目标，同一所学校，应该允许课堂教学有多种多样的模式。一所真正优秀的学校，并不是把某一种教学模式做到极致，而是学校每一位教师都寻找到与自己相适应的教学模式。但是，在多种多样的课堂教学模式的背后，对课堂教学规律的遵循，对课堂教学发展趋势的把握，还是不可缺少的。

总之，教学改革的关键不仅是解决教师怎样教的问题，而是重点解决学生怎样学的问题。目前我国教育资源很不均衡，有些地方教师缺乏，有些地方班额太大，有的甚至达到每班 60~70 人，这样给课堂的组织带来一定的困难。在高考指挥棒的指挥下，在目前我国的教育国情下，要全面推开还有一个漫长的过程，需要学校和教师持续不断地探索。

第五节　学生成绩的精细化分析方法

分析学生考试成绩是学校教学管理工作之一。如何做好这项工作，却有很多值得研究的地方，尤其是教务处和班主任，因为担负着全面提高班级学习成绩的主要责任，这项工作显得特别重要。

提高成绩需要明确起点，及时发现学生的问题，把握变化趋势，不断调整教与学的策略，这一切都建立在掌握学情的基础之上，分析成绩是掌握学情的主要方式之一。班主任不仅要分析自己所教学科，还要分析学生各门学科成绩；不仅要分析班级整体成绩，还要分析学生个案。分析成绩不是枯燥的数据堆砌，也不是毫无意义的数字游戏，科学地分析成绩，可以从中了解大量的有关学生学习状况的信息，据此寻找教师教学和学生学习上存在的问题，为进一步改进教学、提升学生学习水平提供参考。

学生的成绩可以分成绝对成绩和相对成绩两种。每次考试的分数就是绝对成绩。绝对成绩与试卷难易、学生的基础有很大关系，所以只分析绝对成绩是不够的，与绝对成绩相比，"相对成绩"更有参考意义。所谓相对成绩，就是绝对成绩在参考人群中的排位，或者叫名次。虽然有很多人以各种理由反对给学生排名，但几乎所有的大型选拔性考试（如高考）都是根据相对成绩筛选出入围考生的，因此，排名的问题无法回避。

现在计算机和网络都很发达，获取学生的成绩相对更加容易。考试的级别不同，参考的人数不同，成绩也是各种各样的，人数越多成绩的参考价值就越大。比如高中的市级统考，每一个考生在全市参考学生中的位置是很精确的，结合这个地区每一年高考本科上线的人数（这个数据比较稳定），就可以大致了解这名考生在全体考生中所处的层次。

对于班主任和任课教师来说，可能更加关心学生在年级考试中的相对成绩，所以年级名次这项指标非常重要。

一、建立班级考试成绩档案

班主任或任课教师把每个学生每次考试的成绩进行登记，建立学生成绩档案。考试成绩的登记分纸质和电子表格两种。纸质的主要是记分册，而在电脑上可以很方便地使用 Excel 表格软件，建立学生成绩电子档案并执行多种分析功能，更方便也更高效。为了便于比对和分析，可以将全班各次考试综合成绩全部存储在一张电子表格里，以考试时间和类型为文件名区分。但记录数据不是目的，重要的是对这些数据进行分析，要让这些数据说话。

二、均分，班级的总体考试水平

在各项分析指标中，教师往往最看重均分。其实比较均分的意义是很有限的，特别是在追求升学率的大背景之下，"有效分""有效人群""匹配度"等指标的意义已超过了均分。不过，均分确实可以反映班级学习的总体水平，所以，班级成绩推进的重要标志是均分的提高。

三、成绩的层次

从全班（全校）的角度看，学生成绩确实是分层次的，领先层次、中间层次和落后层次。班级（全校）成绩的整体提高其实就是分层推进。班主任要在清楚各个层次的学生组成的基础上，制订科学的成绩提高计划，包括底部抬高（减少低分）计划、保先计划、超越计划等。比如让领先层次的学生担任落后层次学生的导师，实行一对一的帮教，就是一种托底的方案，可以有效地解决低分的问题（消灭低分是比提升高分更加容易做到的）。托底成功会让更多的后进学生品尝到成功的滋味，提升自信心，也必然会推动中间层次的学生向上推进，扩大领先层次的阵营。当然，防止中间层次的学生下滑也是至关重要的。中等生往往是教师容易忽略的一个群体，但是，中等生是全班成绩推进的中流砥柱，也是提升优等生人数的重要保证。所以，学校、班主任和任课教师一定要在中等生群体上多花一些工夫，中等生的可塑性最大，对中等生的投入是最容易产生效果的。

四、成绩变化趋势，谁在保持进步

考试成绩有偶然性。学生某次考试的成绩，与试卷难易、试题范围、考试状态等因素有很大关系。作为教师对此要有清醒的认识，要把科学的分析方法和分析态度教给学生，不因一次考试成绩滑坡就责怪学生（当然，要分析原因），也不宜因某次考试成绩突出而沾沾自喜（当然，该表彰的还是要表彰）。学生成绩进步的概念应该是在一段较长的时间内（如一个学期），数次大型考试的相对成绩变化趋势是向上的。但多数情况下，这种分析被简单化了，只用前后两次考试的成绩做对比，就得出进步或退步的结论。改进方法是确定学生成绩提高的起点，拉长考查时间，增加考查次数，发现学生成绩变化的总体趋势。在每一次考试结束后，要对波动较大的学生做个别交流，对处于正常波动范围的学生不必过于担忧，但对于出现成绩连续下降的学生一定要加强关注和调查了解。为此，可以引入"连续进步次数""总进步次数""进步次数与退步次数比"等指标，对每次进步一点点，积小胜为大胜或总体呈现进步趋势的同学加以表彰。

第六节　教育科研的精细化管理

教育科研是以教育理论为指导，以教育领域中发生的现象为对象，以探索教育规律为目的的创造性认识活动。简单地说，就是教育工作者在一定的理论指导下，对教育中的现象和问题进行研究，透过表面的、零散的问题，从中找到本质的、规律性的东西。教师处在教育教学第一线，对教育教学中遇到的各种问题，结合自身的发展需要，通过不断的自我反思过程，有的放矢地开展教育教学研究，对提高自身综合素质，增强实践能力和自我超越能力，提高教育工作成效，非常重要。

一、教育科研对教师的重要性

教师在教学第一线，工作中会遇到很多问题，开展教育科研活动，针对性非常强。通过教育科研活动，既可以解决教育教学的实际问题，又可以提高教育教学的效果，在教育科研的过程中教师本身也能够得到很好的锻炼和提高，这种优势是理论研究者所没有的。

（一）教师参与教育科研是提高自身素质的有效途径

推行素质教育，首先必须培养高素质的教师。提高教师素质的途径很多，教育科研是全面提高教师素质不可或缺的方式。教育科研是一项综合性很强的工作，涉及教育学、心理学、管理学、专业学科和其他学科等，教育科研的过程就是教师知识构建和更新提高的过程，通过教育科研可以提高教师的科学文化素质，优化教师的知识结构。教师的教育科研一般结合自身的教育实践，通过教育科研发现问题，并提出解决问题的新办法、新方式、新策略，从而促进自身教学技能的不断更新和提高，有助于提高教师的教学素质。教育的目的是为社会培养大量的创新人才，教师通过时代感、整体性和开拓性的教育实践活动，可以培养教师创新意识，开发教师创造力，提高教师创造性教育的能力。

（二）教师参与教育科研是提高教育教学质量的有力保证

教学是教育的重要组成部分，提高教学质量是教育的永恒主题，提高教学质量离不开科学研究的引导。教师通过教育科研，能够把教育教学的实践经验提升到理性的高度，把探索的教学规律、获得的科研成果，及时地运用到教学过程中去，促进教学水平的提高。教学工作是一个动态的过程，也是一个不断创新的过程，因此，教师的教学方法、手段、内容等也必须根据不同时期不断变化。为了适应不断变化的教学环境，教师需要不断地探索、研究和优选教学方法和教学手段。新时期在教育面临深刻变革的形势下，教育的新任务、新的课题和要求不断出现，教师必须自觉地进行教育科学研究，并把新教育理论运用到教学实践中去。因此，教育科研对于提高教学质量具有极其重要的意义。

（三）教师参与教育科研能够使教师更加热爱教师职业

教师如果年复一年地重复发生的事情，既枯燥乏味又没有兴趣，这就是所谓的"职业倦怠感"。事实上教育与科研是分不开的，学校、教室就是最好的实验室，教师在进行常规的教育教学活动的同时进行着教育科研活动。长期以来，我们只注重教师的职业价值和社会地位问题，通过这些来激励教师的外部动机，忽视了教师怎样看待教师职业和以怎样的德才学识来发挥自身的内部动机的效用。实践证明，积极开展教育科研活动，能增强和提高教师劳动的创造性，能使教师的教学由经验型的简单重复性职业活动，转变为创造性的教育活动，能为教师提供发挥才干的机会，满足成就感，从而提高教师的职业价值，使其更加热爱教育事业。

二、教育科研的内容

学校教育科研的内容非常丰富，教学、管理、德育等在学校教育教学中出现的问题和现象，都可以成为教师研究的对象。目前，教师教育科研主要途径有以下几种：从班主任日常工作遇到的实际问题中提炼出课题，从学科教学改革实践中发现课题，从合作课题中确定个人承担的子课题，从成功的经验中找出自己需要深入研究的课题，从国内外教育信息的分析中发现问题。但是，在当前很长一个时期内，学校科研的重点应放在深化教育改革，全面推进素质教育的问题上。全面推进素质教育，是我国教育事业的一场深刻变革，是一项事关全局、影响深远和涉及社会各方面的系统工程，这也为教师的教育科研活动提出了新的课题。

（一）教学改革的指导思想研究

教学改革以什么思想为指导，关系到教学改革的方向和成效。"全面贯彻党的教育方针，以提高国民素质为根本宗旨，以培养学生的创新精神和实践能力为重点，造就有理想、有道德、有文化、有纪律的德智体美等全面发展的社会主义事业建设者和接班人。"这是我国各级学校教学改革的出发点和归宿，也是教学改革的根本指导思想。那么，什么样的教学观、学生观、教师观和质量观才算是正确的呢？怎样形成正确的教学观、学生观、教师观和质量观？这些是目前摆在学校和教师面前亟待解决的问题。

（二）课程改革研究

学校教学内容的核心是课程设置问题。学校的课程设置使各科的教学内容形成一个完整的教学体系，成为学校培养人才的蓝图。如何适应素质教育的要求，建立新的基础教育课程体系，试行国家课程、地方课程和校本课程，如何改变课程过分强调学科体系、脱离时代和社会发展以及学生实际的状况，如何压缩必修课、适当增加选修课、开好活动课程等，这些都是在课程方面为教师提出的新的研究课题。

（三）教学组织形式改革研究

教学是有计划、有组织的实践活动，任何教学活动必须在一定的组织形式中进行。长期以来，我们采用的是班级授课制。班级授课制的主要优点是有利于培养人才，有利于发挥班集体的教育作用，有利于发挥教师的作用。但是，它的缺陷也是非常明显的，那就是不利于因材施教，不利于发展学生的个性，不利于调动学生学习的积极性、主动性。因此，如何发扬班级授课制的优点，汲取其他教学组织形式的长处，灵活多样地组织实施新课程教学，最大限度地发挥学生的主体作用等，已成为教育改革发展所关注的热点和焦点。

（四）教学方法改革研究

改革教学方法是教学改革的重要课题之一。这是因为不少教师所采用的教学方法，概括起来就是注入式，要求学生死记硬背。国家在《关于深化教育改革，全面推进素质教育的决定》中要求，"积极实行启发式和讨论式教学，激发学生独立思考和创新意识，切实提高教学质量"。因此，如何适应现代社会和学生身心发展规律的要求，探索多种多样的、机动灵活的教学方法，变单调的知识传输、接收，为形式多样丰富多彩的思考、探索活动，提倡自主、合作、探究学习和高中的研究性学习，使学生生动活泼地、主动地得到发展，是亟待加以研究的课题。

（五）评价标准和评价机制研究

教育评价是影响教育发展的杠杆，对于教育的发展起着关键性的作用。我们要培养什么样的人才，怎样的教育才符合学生发展的需要，怎样的管理才有利于教育的发展，应该以什么样的方式方法开展教育质量评价等问题，都是需要加以研究的。

三、教育科研的精细化管理方法

（一）建立健全校本教研机构，切实加强校本教研工作

一是学校要健全教研组织。学校教务处（教研室）是学校教科研中心，负责全校教科研的组织和管理工作；教研组是教科研的最基层组织，接受校教务处（教研室）的指导，承担教育科研目标任务的具体实施。

二是中心小学以上学校设立学科教研组或相近学科综合教研组，村小以综合教研组为主，乡镇要以中心小学为依托，以骨干教师或学科带头人为主要成员，组建好乡镇小学和初中中心教研组，规格较大的中小学必须设立教研组。教研组要根据年度或学期教

研计划，扎实开展以校本教研为主的教育教学研究活动。教研组集体活动，中心小学以上学校每周不少于1次，村小学可每两周1次，镇中心教研组，集体研讨每学期不得少于2次。中心教研组学期末应向乡镇中心学校上报书面总结。

三是规范开展常规教研活动。常规教研活动要做到"四定一有"，即定时间、定地点、定人员、定专题，有记录。要认真组织好课前研讨、听课、授课、说课、课后评课等系列活动，教务处（教研室）要定期或不定期对教研活动开展情况进行督查与指导。

四是积极开展校本联片教研活动。"联片教研"是指相邻的几个镇（校）联合在一起，围绕一个相同的主题，通过观摩、对话、合作、切磋、交流、研讨等教研活动，促进教师专业成长，提高教师教育教学的能力和水平，达到资源共享、优势互补。要建立和完善联片教研活动的导向机制、激励机制、经费保障机制、竞争机制和评价机制，使学校和教师都能有效地投入联片教研之中。开展联片教研活动，要从名师引领、新秀培养、结对教研、成果交流、课题研究、质量分析等方面入手，以课堂为载体，以问题为主线，以课题研究为抓手，以共同提高质量为终极目标，通过校本联片教研活动，不断提高教师的教育科研意识、团结协作意识、竞争意识、忧患意识和质量意识，为推进基础教育课程改革，全面提高教育教学质量，促进教育均衡发展奠定坚实的基础。

五是大力开展校本研究。学校要以校本研究为载体，积极开展专家引领、同伴互助、个人反思等多种形式的校本教研活动，积极开展有针对性的主题研讨活动，解决教师在教育教学过程中的困惑与问题，使教师真正成为"研究者"。通过校本研究，让教师学会在行动中研究，在研究中反思，在反思中学习，在学习中成长。要通过校本研究，使学校成为学习型组织。

六是学校要积极推进教育信息化"网络学习空间人人通"建设，鼓励教师建立个性化学习空间。教师空间主要包含教案和学案、教学总结与反思、教学论文和获奖成果等，既可以参加网络培训，又可以进行在线研讨和交流；既体现教师的成长足迹，又可促进专业发展，实现资源共享。学生空间主要方便学生进行在线学习与交流，及时将综合素质评价实证材料上传到自己的学习空间与管理空间，促进学生的健康成长。

（二）立足教育教学现实需求，扎实开展教育教学课题研究

一是学校要建立健全德育课题研究机构。开展以养成教育、践行社会主义核心价值观、心理健康教育等为内容的德育课题研究，以课题研究为抓手，不断探索新时期德育工作的规律和特点。加强校本德育课程建设，积累经验，形成特色。

二是积极开展高效课堂教学课题研究。全面贯彻"问题就是课题，反思就是研究，成长就是成果"的科研理念，扎实开展课题研究，立足教学实践，选择真实而具体的问题作为课题进行研究。认真探索科学有效的教学模式和教学策略，在实践中反思，在反思中完善，有效解决教学实践中的现实问题，切实提高课堂教学的质量和效率，使课题研究成为构建高效课堂研究活动的重要举措，从而逐步形成"课题从课堂教学中去选，研究到课堂教学中去做，答案到课堂教学中去找，成果到课堂教学中去用"的研究文化。

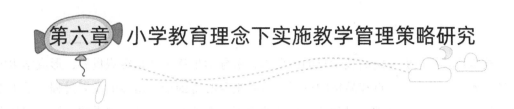

第六章 小学教育理念下实施教学管理策略研究

第一节 课前备课的管理策略

一、加强备课管理的意义

教学，是教与学双边的活动过程。就其目的来说，教就是为了学；就其关系来说，教应该根据学。认真备课是上好课的前提。备课就是教师根据教学大纲的要求和本门课程的特点，结合学生的具体情况，选择最合适的表达方法和顺序，以保证学生有效地学习。对教师来说，备好课是加强教学的预见性和计划性，充分发挥教师的主导作用的重要保证。教师的备课主要涉及教学内容和教学对象两个方面。由于这两方面都是在不断发展和变化的，因此，即便是有经验的教师仍要认真备课。不仅对新教材要认真备课，就是对比较熟悉的教材也要认真备课。不仅要把教材中的生课讲熟，还应把熟课当成生课讲。从广义上讲，教师的备课应该从他确定做教师时就开始了。教师要像辛勤的蜜蜂那样，平时就要有意识地收集点滴的教学资料，为上好课做准备。因此，学校领导必须加强备课的管理。

二、备课管理的内容

（一）钻研教材

钻研教材包括研究教学大纲、教科书和阅读有关的参考资料。钻研教学大纲，就是要弄清本学科的教学目的、教材体系和基本内容以及在教学方法上的基本要求。钻研教科书，是指掌握教科书的全部内容，包括教科书的编写意图、组织结构、重点章节以及各章节的重点、难点和关键，教师还应在钻研教科书的基础上广泛阅读有关参考书，精选一些材料以充实教学内容。那种在备课中，不以钻研教材为主，而把精力放在摘抄参考资料，收集课本以外的习题的做法，是舍本逐末的。教师掌握教材一般要经过懂、透、化三个阶段，懂，就是掌握教材的基本结构。透，就是对教材融会贯通，使之成为自己的知识体系。化，就是教师的思想感情和教材的思想性、科学性融合在一起。只有达到这个境界，才算是完全掌握了教材。

（二）了解学生

教学是教师根据一定的教学目的的要求，引导学生逐步认识客观世界，形成学生的智慧、才能、思想、观点和品格的过程，是学生身心得到全面培养的发展过程。学生是学习的主体，学生主动地、科学地、有效地学习，是获得最佳学习效果的关键。在备课中要了解学生情况。学生要发挥最大的能量，受学习态度、知识基础、学习方法、智力水平和健康状况几个因素的制约，其中最重要的是前三个。因此，要想备好课，就要了解清楚学生前三方面的情况：①了解学生学习本门学科的态度和兴趣，根据存在的问题，有意识地进行培养，也就是重视学生学习动机的激发。②了解学生学习新课所需要的知识基础，确定新课的起点。在了解全班学生的基础上，还应把学生的学习情况加以分类，并选择好各类学生的代表，着重对他们在学习中的优缺点，进行细微的分析和研究，以便在课上加强指导，并通过提高他们的学习质量，来带动其他同类的学生，最后达到全班学生，包括差生都得到提高和发展的目的。③了解学生学习本门学科的学习方法。学生除了具备本学科的学习方法外，还应掌握学习某一课程的独特的学习方法。教师有责任把特殊的学习方法教给学生，这样学生听课时容易接受教师的讲课内容，复习和自学时也能较好地掌握知识。

（三）精心选择教学方法

教学无定法，是因为教学方法多种多样，教师可以根据每一节课的教学任务、教学内容和学生的年龄特征灵活选用。不论采用讲授法、谈话法、演示法、参观法还是实验法等，都要启发学生积极思考。许多老教师虽然对教材内容很熟悉，但备课时也总是对教学要求进行深思熟虑的推敲，精心地选择教学方法。有经验的教师在备课的时候，总是要周密地考虑，他所讲授的知识将在学生的头脑里得到怎样的理解，并根据这一点来挑选教学方法。一般地说，选择教学方法应注意以下几点：

1. 要研究用什么方法最容易引起学生的注意与兴趣

有经验的教师非常注意每节课开头两句话的启发性和趣味性，以调动学生渴求新知的强烈愿望。讲授新课时，还要考虑用什么方法最容易使学生接受、理解和记忆；用什么方法最容易调动学生学习的积极性；用什么方法最容易开发学生的智力；用什么方法最容易使课堂教学生动活泼。教材内容决定教学方法，方法为教材服务，一节课的教学方法不宜过多地变换。使用教具也要适当，尽可能排除分散学生注意力的因素。还要把握住每个章节的知识和技能的讲授进度，保证它像生产计划一样严格地执行。这是决定教学方法时必须考虑的。

2. 要认真研究教材中重点、难点及关键性问题的处理

重点，就是指教材中最重要的、最基础的知识、技能和有利于发展学生思维的内容。难点，就是指教材中比较深的，学生难于理解的知识、技能和学生思维过程中需要分析概括的部分。关键，就是指学习这部分教材，对学生顺利学习其他教材内容，起决定作用的知识、技能，以及有利于开拓学生思路的部分。在教材的讲授中，要研究如何突出重点，抓住关键，分散难点。这是考虑教学方法时最为关键的问题。

3. 要研究用什么方法调动学生学习的主动性和积极性

教学方法的着眼点在于"教会学生如何学习"，即着眼于指导方法，培养能力，使学生举一反三，触类旁通，发展学生独立工作的能力与创造性学习的能力，这是考虑教学方法时需要认真研究的一个重要内容。作为教师，不但要考虑传授，还必须考虑学生如何接受。要考虑到他们对知识及技能的具体接受能力。学生并不是一个模子铸出来的，他们的接受能力以及学习的兴趣、要求、自觉性等均有差异，同一种教学方法在不同的学生身上所产生的效果是不同的。教师是教学模式的设计者，是教学方法的选择者。因此，教学方法的选择要根据教育对象不同，采用不同的方法。要注意到教学对象的生理特性以及知识基础、能力水平、具体情况及条件的不同，学习内容的安排及学习要求等应有所不同。国外心理学家建议用下列方法激发学生的学习：①使每一个学科都变得有趣，使学习具有主动性和实用性；加强学习的吸引力，尽量减少危险的学习情境。②用行为矫正技术帮助学生实现自我努力，并为远期的目标而学习。教师必须经常强化学生的学习。强化的技术手段包括榜样、模仿、象征性经济奖励等。③让学生了解他们在做什么、将如何以及是否能达到目标。如果学习的目标太难或太远，缺乏近期动机的学生可能会出问题。因此，当教师要求学生为远期目标而学习时，必须建立一系列的短期目标。④注意学生在能力、家庭背景、对学校态度和学科爱好上的个体差异，尽可能满足学生生理的、安全的、归属的和受到尊敬的需要。⑤鼓励切合实际的志向水平，成就定向和积极的自我感觉。教师在教学中必须注意以下几点：利用有争论但可达到的目标或学生自我选择目标；提供结果信息时强调其积极的方面；允许和鼓励学生自己指导自己学习。⑥发展学生的成就需要、自我信念和自我指导，解除学生应用知识的焦虑，使他们渴望学习更多的知识。

（四）设计教案

在设计教案前，应首先完成两种备课，然后再进行设计教案。

1. 学期备课

这是指开学前，要求教师把课本通读一遍。明确教学任务，了解教材的知识体系，弄清知识安排的顺序，掌握教材章节之间的联系和各个章节的重点以及教材骨架。

2. 章节（单元）备课

这是指在通读教材的基础上，着重进行教材分析。要明确本章节及每节课的教学目

的和基本要求；要求对每课时的教材，深入细致地甚至是逐字逐句地钻研；掌握本章节的深度和广度，判断出学生接受的难易程度；挖掘本章节教材中，有利于培养和发展学生学习能力的内容；还要研究本章节重点、难点和关键，并深入了解教材重点为什么成为重点，教材难点难在什么地方，难到什么程度，教材关键对前后教材所起到的承前启后的作用。

3. 设计教学方案

设计教学方案是备课过程中的最后一个程序。教师备课的好坏，集中反映在教学方案里。教学方案一般包括以下一些项目：课题、教学目的或任务、教材分析、教学重点和难点、教学方法、教学用具、教学步骤、巩固教材（或测试效果）和布置作业。

备课首先要备教学目的。教学目的包括德育目的、智育目的和能力发展目的。

德育目的是每一节课必不可少的。把德育放在首位，是教育工作的普遍规律。课堂教学把德育放在首位，才能真正遵循学校工作以"教学为中心"的客观规律。寓德育于教学之中是德育的主要途径。加强课堂教学管理，必须使各科教师明确，对学生进行思想政治教育和道德品质教育是义不容辞的职责。教书是手段，育人是目的，教书育人是教师的天职。各科教学本身都有丰富的德育因素，不论社会科学，还是自然科学都是如此。至于政治课和思想品德课，更是系统地对学生进行德育。结合教学对学生进行德育，是学生乐于接受的一种教育形式，特别是有威信的教师，这种作用更为突出。因此，教师备课时，除了挖掘教材的科学性、知识性外，还要注意挖掘教材的思想性。这就要求教师在不断提高自己的思想认识的同时，必须有渊博的知识做基础，又懂得教育科学，才能提高教学艺术，获得良好德育效果。

教师备课时，要有一课一得的观念，这节课主要解决什么问题，怎样来解决，运用哪些方法或手段，要确立起清晰的思路。在确定教学目的，即智育目的时，必须以国家统一颁发的课程计划、教学大纲和教科书为依据，要加强"双基教学"，即加强基础知识和基本技能的训练。一般来说，基础知识是指学习中那些具有迁移性、适应性、概括性及对了解和掌握一门学科最必需的知识。教师应在备课时，将每一节课的基础知识、基本技能界定准确，最好确定出质量标准和数量标准。

教学最本质的规律就是教会学生学习。如何教会学生学习呢？要重在发展学生的能力。能力是心理学中的一个概念，指一个人完成某种活动所具有的本领。能力包括一般能力和特殊能力。一般能力又包括观察力、记忆力、想象力、注意力、创造力、意志力、思维能力。一节课不可能同时发展所有的能力，要结合教材的内容确定应发展哪些能力。

教案的设计，必须纠正那种照抄教学参考书的做法，要根据教材内容中的概念，着眼于指导学生学习活动的选择。要求学生把已具有的知识、技能与新学习的概念、技能衔接起来。教案应体现教师在教学上的特色与风格，体现教师是否具有广博的知识、严谨的治学态度和较强的教学能力。

教案有详略两种，可根据教师本人的教学经验决定。对新任课的教师，要求熟练地掌握教材内容，写出详细的教案。但在授课过程中不能边看边讲，更不能照本宣科。这样，教师在课堂教学中才能主动地组织教学活动，自如地表露自己的思想感情，创设课堂教学情境。对教过几遍教材的教师，要求常教常新，在"新"字上下功夫。老教师要达到新的要求，必须看得广，钻得深，才能做到根深叶茂。

教学对教师本人来说乃是一种最高意义的、自我教育的学校。要想取得良好的教学效果，在备课时，所有教师都应在"广、博、精、深"上下功夫。授课功底要广，对本课程拥有足够的基础知识，对教材融会贯通。授课重在"解惑"，而"解惑"能力的大小与教师的基础知识拥有量有关。讲课要做到生动活泼、引人入胜，还得靠教师的博学，即要拥有跨学科的知识以及丰富的生活经历。现在很难说哪些跨学科的学问对哪一门课程直接有用。但可以肯定地说，作为一名教师，博览群书会提高讲课的生动性，许多知识会不知不觉地与自己学科联系上，一旦联系上了，会给学生一个"始料不及"的感觉。知识是无边的，一门课程内容的延伸也是无限的，如何在有限的学时内，讲好无限的内容，这就要把握住本课程的精度。通常教材就其完整性，总是面面俱到，然而讲课却不能这样，把最精髓的东西讲好就行。从讲授角度讲，通常教材可以分成三个部分：一是必讲的，即通常所说的基本点、难点和关键，包括本课程的基本知识、必须费力阐释的内容以及值得学生思考的问题等。另一部分是可以不讲的，大都属于叙述性内容，学生自己看得懂，讲起来又烦琐。再者是可讲可不讲，视讲授对象而定，这些内容介于两者之间。教师要用力于必讲的部分，着意于求精不求全。作为一名教师，切记给学生最重要的东西是掌握一门学问的钥匙。在备课时要注意发挥画龙点睛和举一反三的作用。能否引导学生往学科的深处思考，是衡量教学水平的一个重要指标。这个深处应指本学科中新崛起的理论研究方法和正在发展着的东西，它是学科的生长点。由于种种原因，教材通常不能完全包罗这些内容。因此，要靠教师不断阅读新资料，掌握本学科发展的脉搏，然后及时反馈到备课中来。

教案的写法，可以用文字叙述，也可用图表，或图表、文字并用。课的类型不同，写法也要随之改变。

（五）备作业

减轻学生负担，提高教学质量，使学生变苦学为乐学的关键，是在"精"字上下功夫。这是说，在教学过程中，除了传授知识要做到内容精要，教法精巧，语言精彩外，还要做到精练，就是巩固的过程要做到精选题型、精心设计、精于指导。为此，教师备课还包括备作业。教师必须精选作业。凡是给学生留的作业，教师必须做一遍。要考虑让学生做每一道习题的目的，重在训练学生哪一方面的能力，中等学生做这些习题大约需要多少时间。这些内容在备作业时都应该考虑到。

（六）写教学后记

在日常教学工作中，很多领导和教师都把精心备课和抓课堂教学质量作为教学工作的重点。而对于上完课后能否写好教学后记，并未引起足够的重视，忽略了这一重要的教学环节所起的作用。从教学方法上讲，每个教师都会有自己的特色和成功之处。如果注重写好教学后记，将平时星星点点、形如散沙的启发和顿悟及时记录在案，积攒多了，加以系统整理，找出内在联系，就可摸索到新的教学规律，推动自己的教学改革。从教研的角度讲，长期的日积月累，有助于帮助、提高、更新、完善自己的知识水平和业务能力。集腋成裘、聚沙成塔，把稍纵即逝的新思路、新启发记录下来，选择最有特色的经验和典型问题，既可以防止遗忘，也可以以记促思，并不断地进行总结、反思、研究、发现、创新。这样自然就开拓了教学思路，扩展了视野，增长了才干。用自己的教育实践、创造的态度与科学的精神，以现代教育理论为指导，去设计、实施、评价、总结和改进自己的教育行为，在教育实践中发现、研究和解决问题，提供新鲜经验，进行理论概括，并以自己创造性的劳动武装自己。

教学后记是指每节课后，教师要对授课情况进行追踪分析，要从教与学两个方面找问题，从正和反两个角度去思考，把经验和教训记录下来，并简明扼要地分析其成败原因。教学后记中，一是要记教学中成功的做法。每节课都有不同的成功之处，如课堂上恰当的比喻、新颖精彩的导言、教学难点的突破、引人入胜的教学方法、成功的临场发挥、直观教具的合理使用和现代化电教手段的运用，以及配合本节教材补充的一些具有典型性、生动性和富有说服力的教学事例。二是记学生在课堂上反映的问题。包括学生对本节课兴趣如何，对教师的教法的评价，对教材内容的掌握和学生的希望和要求等。学生的一些发言和做法，有时也可拓宽教师的思路，促使顿悟的出现，有的问题甚至可以把其引向纵深，这就是教学相长。同时，学生的提问也可发现教学的不足。学生提出的问题往往是教师没有讲清或被忽略的问题。三是要记课后体会。是否实现了备课时的设想，使学生思想上有提高，知识上有长进，能力上有发展；教学过程中的想法，甚至一时的灵感记录下来；教学过程中出现了哪些偶发性事件，怎样处理的；课堂上学生反映强烈的问题是什么；教学过程中有什么失误，如何改进等都要记录下来。为研究改进教学积累资料，找出有规律性的东西。

教师自身提高的广阔领域，就是教师天天身临的讲台，途径就是在教中学，在学中教，在实践—理论—实践的轨迹中不断完善自己。勤写教学后记，有了自找、自查、自验的亲身体会，就能不断地提高教师的教学能力，提高教师的思维能力和写作水平，从而为教育科研打下良好的基础。

第二节 课后作业的管理策略

作业的布置与批改，是教学过程中不可缺少的环节，因此，对作业的管理也是教学管理的重要组成部分。在实现应试教育向素质教育转变的过程中，如何全面贯彻教育方针，全面提高教育质量，就涉及对作业的认识和优化等一系列问题。

一、组织学生作业的目的

学生学习知识，是掌握前人总结与概括起来的经验的过程，是学生学习的主要任务和主要活动。从学生在教学系统中，对一类事物的实际认识过程出发，可以将学生知识学习的过程分为选择、领会、保持、应用四个阶段。学生在选择、领会知识之后，要理解知识、应用知识，就必须通过完成作业这一必不可少的阶段。通过语言回答提问，通过作业、操作完成任务，通过课堂练习或课外作业解答问题等，对所学的知识进行有效的练习，才能记得牢固，才能在头脑中长时间地保持住。

对学生布置作业，是课堂教学的继续和发展。布置作业是教学活动的有机组成部分。作业是推动学生独立学习、培养恒心毅力、自我约束和快速进步的重要途径。作业是由学生独立完成的。学生通过对作业内容的独立思考、作业时间的独立分配和安排以及对作业质量的自我检查等活动，可以使独立学习的能力受到很好的训练。经常按时完成作业，不仅可以培养学生慎思明辨、科学利用时间等良好的学习习惯，而且在培养勤学苦练、努力克服困难的意志品质方面，也都具有重要的意义。

作业的布置与批改，是教学过程的一个有机组成部分，是给学生的必要反馈形式，是了解教学效果的有效手段。作业的效果和上课的质量有着直接的关系。如学生的概念是否清楚，规律能否掌握，能力是否得到提高，都可以通过作业反映出来。因此，它是衡量学生学习水平的有效途径之一，也在一定程度上反映教师的教学效果和水平。作业涉及的问题是很多的，如为什么要留作业，作业有哪些类型，作业如何布置，难易和多少如何掌握，如何指导，如何批改等，都需要认真研究。如何使作业最优化，是有效减轻学生负担的核心问题。

二、减轻学生过重的负担应从作业的管理入手

（一）控制家庭作业的必要性

作业分为课内作业和课外作业两种，课外作业即指家庭作业。家庭作业作为制约课

堂质量的重要因素，长期以来备受人们的青睐。然而，近年来中小学生家庭作业越来越多，令人担忧，强烈要求减轻中小学生课业负担过重的呼声越来越高。为什么要控制乃至紧缩中小学学生家庭作业量？因为过量的家庭作业剥夺了儿童平等发展的权利。学生家庭作业的完成受制于他们的家庭背景情况。家长态度和学习条件的不同，必然引发学习进程及学习效益的差异，从而不可避免地导致学生发展的"不平等"。

过量的家庭作业剥夺了学生最佳发展的可能，排斥了学生必要闲暇的需求。学习活动是一种多因素的动态系统。在学习过程中，需要有紧张而费神的智力活动参与，必须占用多种多样闲暇的活动时间，两者必须互相补充、相互置换，经常处于动态平衡之中。如果智力活动低频量少，会影响学生智力快速增长的话，那么，非智力活动和闲暇时间太少，也会诱发两者之间的动态失衡，使学生脑力活动所需的"营养"无法充实，神经系统的正常运转失去依托。而过量的家庭作业正是制造这种动态失衡的罪魁之一。学校教学质量与家庭作业量并无正比关系。毫无疑问，适当的家庭作业的实践，对于学生的学习效能确有重要的促进作用，但两者之间并不存在简单的线性关系。如曾经有人做过这样的对比：甲、乙两所学校条件相似，甲校不布置真正的家庭作业（在校做家庭作业），学生受到四年的教育；乙校布置大量的真正的家庭作业（返家做这种作业），学生实际受到"约五年的教育"，但两校学生的学习成绩、智力发展并无多大的差异。因此，必须改变当前家庭作业量偏多的弊端。

（二）控制家庭作业的时间

教师们要摒弃无效作业，让作业成为"教"和"学"的有效手段。长期以来，在我国具体的教学计划中，对课堂教学的时间（课时）有较为详细的规定。而对课外学习，特别是家庭作业的时间则很少说明。对教学效果的评价，应该看时间和速度，也就是说，要表明学生在规定的时间内，根据现行教学大纲的要求，在教养、教育和发展等方面所达到的水平。那种片面追求效果而任意增加时间的做法，根本不符合最优化的要求，所得到的效果也是不经济的。

（三）调控家庭作业使之优化

如何调控家庭作业使之优化，从而达到最大限度地促进学生智力的发展，可从以下几个方面做起：

1.强化关于家庭作业的研究工作

家庭作业在学校教育中的地位作用，不能简单否定。现在的问题是各科教师布置作业随心所欲。要宏观调控家庭作业份额，每天每科留多少家庭作业不能一刀切。要考虑各科教学的具体情况，但更须顾及学生的生理、心理特征以及与此相适应的总的承受负荷。要进一步制定"家庭作业政策"，对学生每天、每周的家庭作业总量，进行宏观控制。

2. 变革家庭作业的完成方式

传统的观念是，家庭作业回家去完成。现在变为在校内完成，这样变革，一方面可以保证家庭作业的质量，保证学生最大限度地躬身解题实践，积极学会学习；另一方面还可以精确控制家庭作业的份额。

3. 实施学生家庭作业的公开性策略

家长应了解学校对学生家庭作业方面的一些限定和要求。学校要向学生家长发放每周各科在家作业时数规程表以及"学校手册"，在发给学生的作业背面，都设有一个家庭作业记录栏，注明发放作业的日期、任务和必须完成的时间。这种公开性作业的实施，有利于家长和学校在学生家庭作业问题上的通力协作。它既能有效地保证学生家庭作业完成的数量、质量和时间，又能使学校比较容易且精确地得到有关家庭作业分量合理度的反馈信息。显然，这种精确的反馈信息，对于学校调整家庭作业布置，优化家庭作业要求是有百利而无一害的。

4. 改善家庭作业的设计

彻底消除那种布置大量劣质作业的做法。教师必须精心设计家庭作业。各科教师要布置那种智力要求较高，又切合实际的家庭作业。唯有如此，才能发挥家庭作业本应发挥的促进学生学习和发展的功能。

5. 教师备课要备作业

为让学生从沉重的作业堆中解脱出来，彻底取缔题海战术，凡是给学生留的作业，教师自己必须做一遍，从而对每类学生完成作业的时间和效果，做到心中有数。这种强制性的做法，具有很强的说服力，很自然地遏制了加重学生负担的行为，也很自然地促使教师在提高自身素质上下功夫，通过课堂教学来提高教学质量。

（四）作业的形式与要求

作业的形式与要求，要以最大限度地调动起学生学习的积极性为目的。这里介绍布置家庭作业的 12 种有效方法：

1. 促使家长参与家庭作业的过程

首先，应让家长知道家庭作业何等重要，并具体说明教师的期望和目标。其次，要给家长介绍一下做作业的整个过程，并要求家长签字。最后，要求家长定期对自己孩子的作业情况提出评价和建议，与家长进行良好的交流，是获得家长支持、顺利达到布置作业目的的关键因素。

2. 布置作业前，要了解学生对所学东西的掌握程度

没有掌握课堂内容的学生是无法独立完成作业的。一条有效的检验办法是，讲完后，进行一个包含四道题的小测验，那些能正确回答三到四个问题的同学肯定能完成作业，其他学生必须在教师进一步指导和训练下方可完成。

3. 布置的作业不要超过学生的理解范围

学生理解不了题意，或是理解时太费劲，都会分散学生做好作业的精力。

4. 保证学生能够找到完成作业所需的资料

在布置作业时，要考虑到学生做作业所需的字典、百科全书等相关的工具书，并确保能到图书馆广泛查阅。教师放学时务必检查一下学生所带资料是否齐全或适当。

5. 为学生提供完成某一特定作业类型的大体结构和思维过程

比如，在社会学学习中，要向学生提供适当的知识背景、关键字词以及要达到的目标等，这样学生就会乐于完成作业。

6. 写专题报告或课外自修题时，要教给学生正确的技能、技巧和程序

比如，要求学生写一篇关于"我们的学校"的说明文，要教给学生如何观察、收集资料、确定中心思想，不要以为学生学过了，做作业就不存在问题了。只有当学生已具备了做好这个作业的背景知识，才能比较顺利地完成作业，否则这次作业毫无价值。

7. 把某一知识点的作业分解开来，在学习前和学习后分别进行

比如，星期三学习的知识，要在星期二布置一点，作为铺垫，星期四作为巩固知识的环节，再做其余的。同时，要求学生适当做一些知识卡片，为每一个单元的新知识学习做准备。

8. 家庭作业多具有实践性、思维性

比如，教学生写信，不光要读范例，还要试着让他们具体写信，看其能否真正在信中表达自己的思想，并注意检查下写信的格式等。让学生抄写拼音，不如让他们总结一个易读错拼音的卡片更有效。

9. 让学生懂得做作业的意义

让学生了解作业的重要性，是学生积极做作业的关键因素。在每一次布置作业时，一定要讲清楚今天作业的知识是什么，学会它有什么价值等。

10. 运用累计教学或累计测试作业法

比如，学习数学时，每进行一个系列的练习，总有一两个相关的新例题，为下一步作业做铺垫，并加深学生的认识，学习语文也是如此。

11. 时刻检查作业

检查作业能督促学生重视作业，同时教师给出评语，提供反馈，让学生的努力得到公正的评价。

12. 改正作业

成功来源于不断地改正错误，让学生改正作业中的错误，从错误中学习，是非常有益的。

第三节　学业成绩检查与评定的管理策略

一、学业成绩检查与评定的意义

学业成绩的检查与评定，是教学环节管理中不可缺少的要素，又是教学过程的一个重要环节，对保证教学工作的顺利进行和教学质量的提高，有着十分重要的意义和作用。

学业成绩检查与评定，具有反馈功能。从反馈原理来看，反馈就是由控制系统把信息输送出去，又把其作用结果返送回来，并对信息的再输出产生影响，起到控制的作用，以达到预定的目的。原因产生结果，结果构成新的原因。就这样，反馈在原因和结果之间架起了桥梁。校领导通过学业成绩的检查与评定获得教学信息，并对得来的信息进行分析，就可以了解教师教、学生学两方面的情况，找出整个学校教学工作中存在的问题，从而对原来制定的教学工作的具体措施、教师的安排重新做出调整，调动一切积极因素，推动教学质量的不断提高。

教学活动是教师与学生的双边活动，教师的教只是活动的一个方面，教师将人类几千年积累下来的知识，转化成学生乐于接受的知识，并培养学生的能力。要想完成这个转化，教师首先要切实以教学大纲和教科书为依据，向学生传授知识、技能（信息输送）。同时，一定要通过有系统的平时检查与定期考试，来了解学生掌握知识、技能的水平，亦即自己的教学效果（反馈），这样教师的教和学生的学就构成了传递与返回的反馈系统。有经验的教师，很注重这种反馈信息，以对教学工作进行控制。一方面，认真地总结教学正反两个方面的经验，肯定优点，找出缺点，以便发扬好的教学经验和改革教学中那些不完善的地方。另一方面，了解学生掌握知识技能的真实情况后，就可针对学生的学习内容、学习方法、学习态度等进行指导。如果没有这种反馈信息，教师的教就会产生极大的盲目性。

学业成绩的检查和评定，具有竞争功能。学业成绩的检查与评定是一种竞争机制，是推动学生学习的一种动力。因为学生通过对其学业成绩的检查与评定，能从自己学习结果的反馈中，及时获得矫正信息。反馈的矫正信息要准确，教师就必须加强对考试、考查的组织领导，严格考场纪律，客观公正地进行评分和撰写评语，不能感情用事，既不过于苛求，又防止"分数贬值"。反馈的作用就在于：高分或好的评语，能增强学生的竞争意识，鼓舞学生的学习信心，提高学生的学习兴趣，产生推动学习的"内动力"。得到低分或不太满意的评语的学生，只要教师善于引导，也会变压力为动力，促使他们发奋用功，迎头赶上。同时，学生及时知道自己学习上的缺陷，就能加以弥补和改进，调整自己的学习，明确努力方向，争取在竞争中获胜。家长从学生学习结果的反馈中，了解子女在校学习的情况，也能针对他们学习上存在的优缺点，配合学校进行教育，帮助学校提高教育和教学质量。

实践证明，检查和评定学生的学业成绩，总是和传授知识、技能的活动交错进行的，教学管理也同工厂、企业的管理一样，有效的管理要善于捕捉信息，及时反馈，及时做出相应的变革，把矛盾和问题解决在萌芽之中。决策、执行、反馈、再决策、再执行、再反馈……如此无穷地螺旋上升，使管理不断进步和完善。

考试是检查学习情况和教学效果的一种重要方法，就如同检验产品质量是保证工厂生产水平的必要制度。当然也不能迷信考试，把它当作检查学习效果唯一的方法，并且要认真研究、试验，改进考试的内容和形式，完善其作用。对于没有考好的学生，教师要鼓励和帮助他们继续努力，不要因此造成精神负担。所以，我们应该研究、试验和改革学业成绩检查与评定的方法，解决其中存在的问题，使它充分发挥提高教学质量的作用。

二、学业成绩检查与评定的管理

学业成绩检查与评定，是教学过程中的一个重要组成部分。它同讲解、巩固、复习等过程互相有机地联系着，共同担负着实现教学目的的任务。要想了解教师的教学方法是否得当，学生掌握知识的质量如何，都有赖于对学生知识掌握情况进行检查和评定。检查和评定对学生的个性发展有着巨大的影响，在培养良好的学习动机、兴趣和爱好方面也起着重大的作用。学业成绩检查和评定有两种方式：考查和考试。

（一）考查在学业成绩检查中的价值

考查，指的是平时在课堂教学、课外作业和辅导，以及课外学习小组活动中对学生学业成绩进行的检查。考查除了具有一般检查和评定的重要意义外，还具有及时和经常的两个特点。经常有计划地考查，可以收到以下的效果。

1. 使教学做到有的放矢

教学这根箭要射的"的"，主要是指教学对象的学习情况，特别是指他们的学习基础。为此，教师在教学过程中，就要准确、及时地了解学生，而经常性的考查正是能够准确、及时了解学生的重要手段。

2. 根据教学反馈，采取有力措施，矫正学生的学习偏差

考查反馈出来的信息，暴露出学生知识上的缺陷和错误，教师据此进行有针对性的补救和矫正。根据布鲁姆的"掌握学习教学法"理论，每一单元的形成性测验之后，若学生能掌握80%～85%的测试内容，便算通过本单元的学习。而对未通过的学生，则要求在课内和课外由教师采取多种形式给予补救和矫正。两三天后再根据他们的"缺漏"进行第二次平行性的测验，使他们能改正、学会。第一次形成性测验暴露出来所存在的共同性问题，教师应当在班级里做补充讲解。教师通过及时补救和矫正，争取使大多数

学生提高。

3.促使学生天天复习功课，养成良好的学习习惯

学习中，为了防止遗忘，提高记忆效果，应当及时复习和定期复习，久之，可以形成熟练的技能和技巧。学业成绩考查能及时反映学生在争取实现学习目标的过程中，经过努力所取得的成绩和存在的问题，这对他们以后的学习，起着鼓励、激奋、督促和推动的作用，是任何物质刺激都不能取代的。教师能够有计划地进行经常性考查，就可以通过目标激励学生，促使学生养成经常性复习、及时复习的好习惯。

4.可以减轻学生的学习负担

学生学习负担过重的一个重要原因就是平时学得不扎实，基础知识和技能没有真正掌握，一旦大考来临，新账旧账一起算，显得负担特别沉重，其结果是事倍功半，成绩不佳。考查可以促使学生不断地努力学习，提高他们接受和掌握知识的能力，避免积重难返，学习负担过重。

（二）通常使用的考查方法

1.课堂提问

教师在课堂上提出问题，要求学生口头回答或者板书回答，是考查成绩普遍采用的一种方法。它的特点在于教师进行考查时可以直接看到或听到学生的反应，了解回答的质量，而且可以根据需要进行适当的启发、追问、反语等。课堂提问，应重点选择与本节有关的前一节或前几节学过的重要问题作为中心问题，这些问题应在前一节课末当作课外作业布置给学生。讲课前提出这些问题，有助于学生把已经学过的知识同将要学到的知识联系起来思考，为接受新知识打下基础。讲完新知识后，可以及时复习提问，起到巩固知识、加深理解的作用。经过复习提问，教师可以发现学生对当堂所学的新知识，在认识上有哪些缺陷、错误，进而进行弥补、订正，最好当堂解决问题，课堂提问时，虽然每次回答的只是少数学生，但必须照顾全班学生。有经验的教师一般是先提出问题，不急于让学生回答，而是目光扫过全班学生，引起全班学生思考，然后要求个别学生回答。为搞好课堂提问，教师必须做好充分的准备，诸如要考虑所提的问题是否符合教学大纲的要求，提问哪些学生最为恰当，用什么方式提出问题，被提问的学生在回答问题时可能出现什么困难和障碍，遇到这种情况，怎样进行启发和引导，怎样分析学生的答案、评定学生的成绩，这次考查大约需要多长时间，等等。

2.书面测验

书面测验是指在课堂上提出问题，让学生以书面形式进行回答，以考查学生对基础知识掌握的程度和运用基础知识解决问题的能力以及形成技能、技巧程度的一种方法。它的特点是可在较短的时间内用内容范围较宽的题目对全班学生进行考查，一般多在讲完一个单元或两三个单元、一个章节或两三个章节之后进行。考查的时间一般是 10～20分钟，有时也可占用整节课的时间。为保证测验效果，必须做到：测验列入计划，目的

要明确；拟好题目，事前书写或印好试卷；书面测验前应组织好复习；书面测验后教师要及时地进行分析和总结。

3. 检查作业

经常检查学生的课内和课外作业，不仅可以使学生巩固所学的知识，熟练地掌握技能和技巧，还可以培养学生独立完成作业的习惯。检查学生作业的方式通常有以下几种：教师在课堂提问时，指令部分学生回答或板书回答，然后查看他们的作业，给予评分；教师在课堂上用很短的时间对学生的课外书面作业，用巡视的方法进行检查；经常检查、轮流抽查或者重点抽查成绩差、作业潦草的学生的作业，给予评分；按期全班收齐，分批检查部分学生的作业完成情况以及质量，然后予以评分。作业批改的形式主要有三种：符号批改、文字批注和文字评语。文字评语要写出成绩和问题，特别要用一些鼓励性的词语，如准确、熟练、新颖、有创见，等等，如果这些词语运用得当，对学生会有引导和激励作用。

4. 日常观察

教师采用日常观察的方法对学生进行考查，可以经常了解学生的学习质量以及影响学生学习的诸多因素，从而帮助学生树立正确的学习态度，提高学习效率和质量。苏联著名教育家苏霍姆林斯基在这方面做得非常突出，他曾对三千多个学生进行研究，并对每个学生都有记录卡片。我国许多优秀教师也都是如此。他们对学生认真负责的态度，为我们日常观察学生做出了榜样。教师观察学生，首先是观察学生在课内的表现；其次是观察学生在课外和学习竞赛中的表现，因为这是学生倾注个人爱好、发挥特长、显示才能、发展能力的重要场合。教师应该满怀热情和兴趣深入学生的活动中去，对学生在这些活动中的表现进行仔细的观察。因此，教师要有敏锐的观察力，要像苏联著名教育家马卡连柯那样"具有给学生的性格拍快照的本领"，及时发现每个学生的闪光点，扬长避短，使学生人人成才。

5. 实验操作

物理、化学、生物等学科的实验，可以使学生从观察和操作中获得一定的直接知识，使书本知识和生产实践结合起来，并能培养学生独立进行实验的动手能力。通过学生做实验，教师可以考查学生的实验技能，考查学生所掌握的相关基础知识。因此，教师必须根据实验目的和教材内容的设计与安排，使实验按照一定的程序，有条不紊地进行，保证实验的质量和效果。教师通过对学生实验全过程的考查给予评分，评分的主要依据应是学生在实验中所表现出来的观察能力、设计能力、独立操作能力以及对相关知识的掌握程度等。

（三）考试功能及考试机制的运用

考试是根据一定的目的，让学生在规定的时间内，按指定的方式解答选定的题目，并对解答的结果评等划分，考试可以为教师提供学生某方面知识和能力状况的信息。这里所说的考试是相对于平时考查而言的集中考试或正规考试。由于平时考查的目的在于发现每一节课或单元的教学目标的实施情况，以便及时调节、控制教学活动，试题可由教师自己命定。而集中考试和考查不同，它具有自身的特点和功能。

1.考试的功能

考试是检查与评定学生学业成绩以及教师教育教学效果的一种总结性的手段，是调节学生学习、改革教学、提高教学质量的依据，也是实现各级各类学校的培养目标，贯彻全面发展的教育方针，培养"四有"人才不可缺少的措施。这也决定了考试具有以下特殊功能：

（1）培养功能

通过考试能把学生平时学习的知识完整化、系统化，促使学生辩证唯物主义世界观的形成。正规考试是各门学科在一定时间内集中进行，学生通过总复习，从纵向上可以把各科的知识条理化、系统化；从横向上能把握住教学计划中所开的各学科的所有基础性和规律性的知识，并能综合性地运用。考试能培养学生掌握科学的学习方法。考试前的总复习是系统地、综合地复习和掌握知识，教师应教会学生使用分类记忆法、推算记忆法、区别记忆法和列表法等进行复习。总之，考试能使学生在把平时所学知识系统化、条理化的同时，培养学生分析问题、解决问题的能力。

（2）选拔功能

在科学技术迅猛发展，科技成果迅速应用于生产，并变为巨大的生产力的今天，发现和培养掌握现代科学技术的人才，已成为世界各国关注的战略性问题。考试虽然有一定的弊端，如按照固定的格式照答就行，把学生引导到追求高分数上去。但考试与推荐、保送相比，还是比较客观、公允的，其优点是毋庸置疑的。全国性的统一考试实行了"五统一"，即考试时间统一、考试范围统一、命题统一、答案统一和阅卷统一，为录取高质量的新生提供了前提。考试能比较客观地用同一类试题测试应考者，从中比较出优劣高低。凡考生在录取分数线以上者，德、智、体全面衡量，择优录取，就大大地减少了很多不正之风，保证了录取新生的质量。按考生分数录取是公平合理的，它体现了"分数面前人人平等"的原则，有利于鼓励学生积极进取，形成勤奋学习，奋发向上的社会风气。

2.考试方式的分析与运用

随着教育的发展和受教育对象的不断扩大，考试的方法以及命题的形式和内容越来越丰富，越来越科学化。仅就目前考试而言，就有闭卷考试、开卷考试、口试和实际操作考试等。

（1）闭卷考试

在主考人的严格监视下，要求学生在规定的时间内，按照试题要求，不参阅课本和任何参考资料，独立思考，对试卷做出书面回答。这种考试方式有利于培养和提高学生的独立思考能力和逻辑思维能力；有利于学生对所学知识的巩固和掌握；有利于比较学生的优劣，在单位时间内，测试对象多，效率高。闭卷考试也有其局限性：一是容易使学生养成死记硬背的习惯，二是不能通过考试选拔不同能力的特殊人才。因此，提高考试质量，要从命题、实测和阅卷三方面进行改革。

（2）开卷考试

允许应试者根据考试命题翻阅课本和参考资料，独立思考，进行书面解答。这种考试方式适合于检查学生对某些问题是否有创见，从而检查学生的创造性思维能力、批判性思维能力和解决实际问题的能力。它的突出优点是能拓宽学生的视野，吸收更多的信息；学生的创造精神会有所提高，对教师和学生的要求也提高了，开卷性试题不能简单地回答是与非，教师要提高命题的质量，要改革教学方法，要注重培养学生的能力，要提高开卷考试的功效，命题的改革也是关键，题目要难度适当，要不偏不怪，也要有一定的灵活性。一般来说，这种考试不适合于低年级。

（3）口试

这是根据教学大纲的要求拟定大量的试题，然后按照试题性质、难易程度及题目的大小进行搭配，组织出许多考签，让学生抽签作答，每个考签上一般是两三个题目。口试题的范围尽量囊括教材的全部基础知识和基本技能。这种考试的优点是学生可充分叙述所掌握的知识，可根据题目的要求进行充分的阐述和论证，教师也可直接看到学生的反应，可补充提出质疑的问题，便于检查学生思维的敏捷性、逻辑性和语言的流畅性、推理的严密性。但口试也有缺点：耗费时间，师生的工作量大；评分标准不好掌握；使用范围较窄，不适合于低年级学生。

（4）实际操作考试

这是为了检查学生按照考试要求，运用已学过的理论知识解决实际问题的能力。它多用于理工科，如绘图、安装、实验、制作模型或进行操作等。这种考试有利于学生理论联系实际，有助于培养学生的动手能力，能有效地巩固学生所学的知识。但也有不足，如耗费时间等。如引导不当，会使学生走上重感性轻理性的道路。

以上四种考试方式各有利弊，在教学管理中必须扬长避短，结合学科的特点和学生的年龄特征进行探讨和改革。

三、考试制度改革的趋势

考试是对人的知识、能力、人格特质或其他心理特征的客观测量。考试是一种社会现象，是随社会发展的需要而产生、发展的。随着课程教材改革的深入，学校考试的内容和形式也发生了一系列的变化。

（一）考试制度的改革势在必行

我们的教育方针是培养德、智、体等全面发展的建设者和接班人，衡量一所学校和教师的质量，应以此为评价标准。然而，现行考试制度中存在的突出问题是片面追求升学率，用升学率来评价一所学校和教师的优劣。由此带来了一系列的弊端：考试频繁，学生负担过重；重视智育，轻视德育和体育；忽视平时的学习，一锤定音；标准不准确，可信度较低。考试中存在的这种弊端是世界性的。目前，许多国家认为整个教学陷入了考试主义的泥坑，因此都在进行考试改革的探索。考试制度的改革虽然很不容易，但是必须坚持进行，因为考试具有反馈功能、评价功能和选拔人才功能。它不仅是教学中不可缺少的基本环节，也是教学管理中不可缺少的重要手段，对教学和学校管理工作确有"指挥棒"的作用。考试制度搞不好会影响全局。目前考试制度存在很多弊病，使教学工作几乎变成了"应试教育"，打乱了正常的教学秩序，干扰了教学方向，使教育方针难以实现。鉴于上述情况，考试制度必须进行改革。

（二）考试制度改革的趋势

1. 考试观念的改革

这表现在由单纯通过考试测验鉴定教育效果向教育质量的全面评价转化。因为学生的态度、信念、创造力和学习方法等，很难通过考试加以鉴定，所以必须使用多种手段综合考查教育效果。在当前教学改革中，由于必修科目、选修科目和活动课程三者并存，教学内容纵向深入和横向拓宽，过去单一闭卷式的笔试已难以适应教学改革的需要，考试的内容和形式上应有所变化，向教育质量的全面评价转化。考试方式可采用口试、笔试和操作等，可以个别进行，也可以分组集体进行。笔试可以开卷，也可以闭卷；操作可以按即时指定项目进行，也可以按预先公布项目抽测。现阶段考试改革力度加大，出现了多种考试形式纷呈的局面。政治、历史等文科课程采用了开卷和闭卷结合的方式，理化学科出现实验操作、现场答辩等考法。不但形式多样，而且考试的质量和要求都有较大的提高。

2. 考试模式的改革

这表现在由竞争、选拔模式的考查促使学生个性全面发展的考试模式转化。这种考试模式只把考试成绩与培养目标相比较，不排名次、不列等级、不做学生与学生的横向比较，以减轻学生的心理负担，促进学生个性的全面发展。有的学校为了克服考试测验中的弊端，首先对考试意义进行了持续的探讨和研究。考试有两种意义：一是让学生自己去探索知识；二是教师对学生所掌握的知识进行考核了解。这种做法从学校内部来说，应该让教学过程成为学生对知识的探索过程。教师考查了解学生，主要是平时"化整为零"，在课内、课外师生间从思想到学科知识，进行心情舒畅的笔谈和面谈。这样既减轻了学生负担，也保证了教学秩序的正常进行。

3. 考试命题的改革

近几年来，我国一直对考试的命题、效度、次数、方式、评分等环节进行探索。命题方面的改革有三种做法：一是综合法，即把学生学过的几种知识综合在一个题目里。

学生在学习过程中，对单一的知识接触得比较多，训练也多，容易在头脑中形成固定模式。使用综合法，特别是几种知识的横向综合与前后跳跃式的综合题目，可使学生摆脱记忆的模仿，有利于创造能力的发展。二是逆向法，即从学生常规解题思路的相反方向提出问题。这种问题不是靠机械的记忆和模仿所能解决的，必须有能力因素的参与。学生要克服心理定式，经过识别、分析、思考后，才能完成。三是概括法，即对一个问题不要求从头到尾全部回答，只要求回答其中的某些方面、要点或思路。解决这种问题，学生首先要理解证明过程中每一步的做法，然后分析出关键的一步或要点。

4. 考试形式和考试次数的改革

考试形式的改革措施是中小学一般采用笔试、口试和实践考查等做法。笔试的优点是便于教师评价和比较全班学生的学习成绩，也有利于发现教和学共同存在的问题。口试的优点是学生可以充分叙述所掌握的知识，教师可以直接看到学生的反应，并可以根据学生的情况提出补充性的问题，因而能深入、确切地了解学生的学习质量，便于掌握每个学生的具体情况。实验、实际操作能力、设计和制作物品等能力，则需要通过实践活动加以检查，必要时还可把几种形式结合起来进行。考试次数的改革措施是，重在平时，注重阶段性、经常性，不能一考定终身，一学期只考一两次信度不高，如果考得过多又加重学生负担，影响他们的全面发展。很多学校的做法是把阶段性测验、课堂测验与课外作业的检查结合起来，使学生养成经常复习的好习惯。

5. 成绩评定的改革

考试成绩的评定一般是通过记分和评语两种形式进行的。常用的记分法有百分制和等级制两种。等级制记分容易看到学业成绩的等级，方法比较简便。百分制记分应用得比较多，便于比较、统计与分析。记分法有利于调动学生学习的积极性和主动性，评语则能反映和表达学生学习上具体的优缺点，但可比性差，不利于统计和分析。改革要求把两者有效地结合起来。此外，评定不仅要看答案的对与错，还要注意答案的思维过程或操作过程，对有创造性的答案要给予鼓励。良好的评定可以比较真实地反映学生的实际水平，具有客观性和可比性。

但考试不可能把学生的学习、思想、道德品质等全面、准确地测验出来，因此，一些学校的做法是把平时考查的情况与考试情况结合起来，以避免考试的偶然性，特别是把升学与就业的考试与学校的推荐结合起来。考试改革对于学生的能力培养和各种素质的提高有较大的促进作用，但也存在不少问题，如有时试卷题目少，缺乏代表性；有时评价标准难以确定和统一，较难排除评分教师主观因素的影响，从而使考试的可靠性和有效性降低，等等。我们相信，这些问题能在以后实践中得到解决。

参考文献

[1] 张光斗，张英，张立华 . 中小学教育实践探索 [M]. 成都：电子科技大学出版社，2017.

[2] 韩瑞峰 . 教育改革进行时：应城市中小学教育论坛系列文稿汇编 [M]. 北京：中国国际广播出版社，2017.

[3] 邹循东，梁宇，陈寿强 . 师范类专业认证的实证研究：以广西师范学院小学教育专业为例 [M]. 北京：北京理工大学出版社，2017.

[4] 曾文婕，黄甫全 . 小学教育学 [M].3 版 . 北京：高等教育出版社，2017.

[5] 金生鈜 . 小学教育哲学 [M]. 北京：高等教育出版社，2017.

[6] 于伟 . 小学教育的原生态研究 [M]. 长春：长春出版社，2017.

[7] 七十三 . 中小学教育心理学 [M]. 北京：北京师范大学出版社，2017.

[8] 李玉英，杨爱菊，苗伟 . 中小学教育研究与实践 [M]. 北京：台海出版社，2017.

[9] 徐炳钦 . 教育规律（中小学教育理论）[M]. 北京：新华出版社，2018.

[10] 韩苏曼，沈晓燕 . 学前与小学教育教学实践案例 [M]. 苏州：苏州大学出版社，2018.

[11] 熊岚 . 小学教育概论 [M]. 南京：南京大学出版社，2018.

[12] 王凯 . 小学教育与信息化管理 [M]. 沈阳：沈阳出版社，2018.

[13] 赵洪君 . 小学教育教学管理创新 [M]. 哈尔滨：黑龙江人民出版社，2018.

[14] 李德凤，孙晓玲 . 中小学教育与教学管理 [M]. 吉林：吉林出版集团股份有限公司，2018.

[15] 李金萍 . 核心素养下的小学教育教学研究 [M]. 哈尔滨：黑龙江教育出版社，2018.

[16] 李学锋，殷玉萍 . 小学教育的理论与实践创新 [M]. 北京：冶金工业出版社，2019.

[17] 苑青松，赵松元 . 中小学教育教学随笔集 [M]. 北京 / 西安：世界图书出版公司，2019.

[18] 岳军祥 . 新时代小学教育专业师范生综合素质影响因素研究 [M]. 西安：陕西科学

技术出版社，2019.

[19] 冉嘉洛，贺雪萍．小学教育学 [M]. 长春：东北师范大学出版社，2019.

[20] 彭小明．小学教育实践教程 [M]. 北京：高等教育出版社，2019.

[21] 刘华锦，曹英梅，张乃松．小学教育概论 [M]. 成都：电子科技大学出版社，2019.

[22] 黄云峰，姚翠薇，杨军．小学教育管理 [M]. 成都：电子科技大学出版社，2019.

[23] 傅建明．小学教育基础 [M]. 上海：复旦大学出版社，2020.

[24] 张应成，游涛．小学教育学 [M]. 长沙：湖南大学出版社，2020.

[25] 张冬倩．小学教育与管理研究 [M]. 北京：现代出版社，2020.

[26] 丘远光．小学教育创新 [M]. 成都：四川大学出版社，2020.

[27] 孟宪乐，徐艳伟．小学教育研究方法 [M]. 南京：南京大学出版社，2020.

[28] 吴宝发，彭海林，李恒仲．小学教育学 [M]. 长沙：湖南师范大学出版社，2020.

[29] 丁炜．小学教育研究方法 [M]. 北京：中国人民大学出版社，2020.

[30] 张永明，康玉君．小学教育实践 [M]. 长沙：湖南大学出版社，2020.

[31] 侯宏业．小学教育专业实习手册 [M]. 南京：南京大学出版社，2020.

[32] 钱理群．写在中小学教育的边缘 [M]. 上海：东方出版中心，2020.

[33] 路丹，李彦熙．小学教育教学知识与能力 [M]. 成都：电子科技大学出版社，2020.